# 呪いと日本人

小松和彦

角川文庫
18682

呪いと日本人

目次

## 2章 なぜ、人は「呪い」を恐れるのか

呪われた奈良王朝
近い関係だからこそ、「呪い」が生まれる
「呪い心」に説明を与える
日本歴史を転換させた「死者の呪い」
なぜ、死者を恐れるのか
御霊——人間の恐怖心が「創造」した神々
触らぬ神に祟りなし
人を鬼と変える「呪い心」
恐怖すべきは人の心
人間社会は最初から呪われていた
「正義の呪い」とは
文明開化は呪い鎮めとともに
動乱期に跋扈する怨霊
社会を批判する死者の呪い
なぜ、人は「呪い」を恐れるのか
誰もが呪い、呪われる

「ケガレ」は「外部」からやってくる
「ケガレ」を祀り上げ、棚上げにする
「桃尻」風、清少納言の祓いの儀礼
呪術師が操る「ケガレ」を視覚化するトリック
祭りがみんなを「晴れ晴れ」させる
天皇に凝縮される国家の「ケガレ」
社会的地位が上昇するほど集中する「ケガレ」
日本人は、なにを「好ましくないケガレ」としたのか
「鬼」の登場——「見えないもの」を「見えるもの」にするトリック
誰が「鬼」を演じ、祓い捨てられたのか
「ケガレ」発生の原因は為政者にある
「右手に剣を、左手に数珠を」
権力は、呪術によって支えられている
「ケガレ」を祓う「ガス抜き」の儀礼
「スケープゴート」を生み出す「フェイルセーフ」機構
神仏までもが「スケープゴート」にされる

図版制作　村松明夫

# プロローグ――なぜ、いま「呪《のろ》い」なのか

## 「呪い」との出会い

東京のある飲み屋の主人は、若いころけっこう女遊びをしたらしく、怒り狂った奥さんが、神社に参《まい》って浮気封じの呪法《じゆほう》をかけたところ、なんとその効果があらわれ、片足が壊疽《えそ》みたいな状態になってしまったという。奥さんは、御主人の履《は》き物や靴下の類《たぐ》いを神木に釘《くぎ》で打ちつけて、呪いをかけたというのである。

この話を聞いて、私はとても興味を覚えた。この浮気封じの呪法は、いわゆる「丑《うし》の時《とき》参《まい》り」のバリエーションと思われたからである。そこで私は、呪いに興味をもっている友人の写真家・内藤正敏《ないとうまさとし》さんを誘って、呪い空間を求めて旅に出ることにした。そして、私たちはそこで、さまざまな呪い症候群《シンドローム》と出会ったのである。

まず、初日の宿泊先となった京都・北山の貴船《きぶね》神社では、恋敵《こいがたき》が病気に倒れ、目当ての女性が自分に抱かれるように、という内容が記された絵馬《えま》を発見した。貴船神社は、『栄華物語』にも語られるように、平安時代のむかしから呪いを引き受けてくれることでよく

知られた神社である。しのつく雨のなか、それも夜半に、こうした歴史的背景をもつ貴船神社のうっそうとした境内《けいだい》を訪れるのは、正直いってあまり気持ちのいいものではなかった。しかし、ここが私たちの呪いをめぐる思索の旅の出発点として、もっともふさわしいと考えたのであった。そして予想にたがわず、ここにはいまなお呪い信仰が息づいていたのであった。

その翌日、私たちは、飲み屋の主人が呪いをかけられた神社に行くことにした。その名を千代保《ちよぼ》稲荷神社（岐阜《ぎふ》県海津《かいづ》市平田《ひらた》町）という。どうせ行くなら丑の時（午前一時）にしようということになった。

訪れた神社の第一印象は、私たちの期待感（恐怖心）を裏切るものであった。夜中だというのに境内は照明がこうこうと輝き、ホステスと酔客とおぼしきカップルが、何組もお参りにきているではないか。あとで聞いたところによると、この神社は水商売の商売繁盛に御利益《ごりやく》があり、わざわざ名古屋《なごや》あたりからタクシーを飛ばしてくる人もいるという。参《さん》詣《けい》した証《あかし》とするのだろう、境内にはホステスの源氏名《げんじな》を記したおびただしい数の名刺が、絵馬とともに奉納されていた。

境内を歩き回っているうちに、へんな空間をみつけた。御神木とおぼしき大木が、塀《へい》のようなものでぐるりとまわりを取りまかれていたのである。なかをのぞくことはできない。

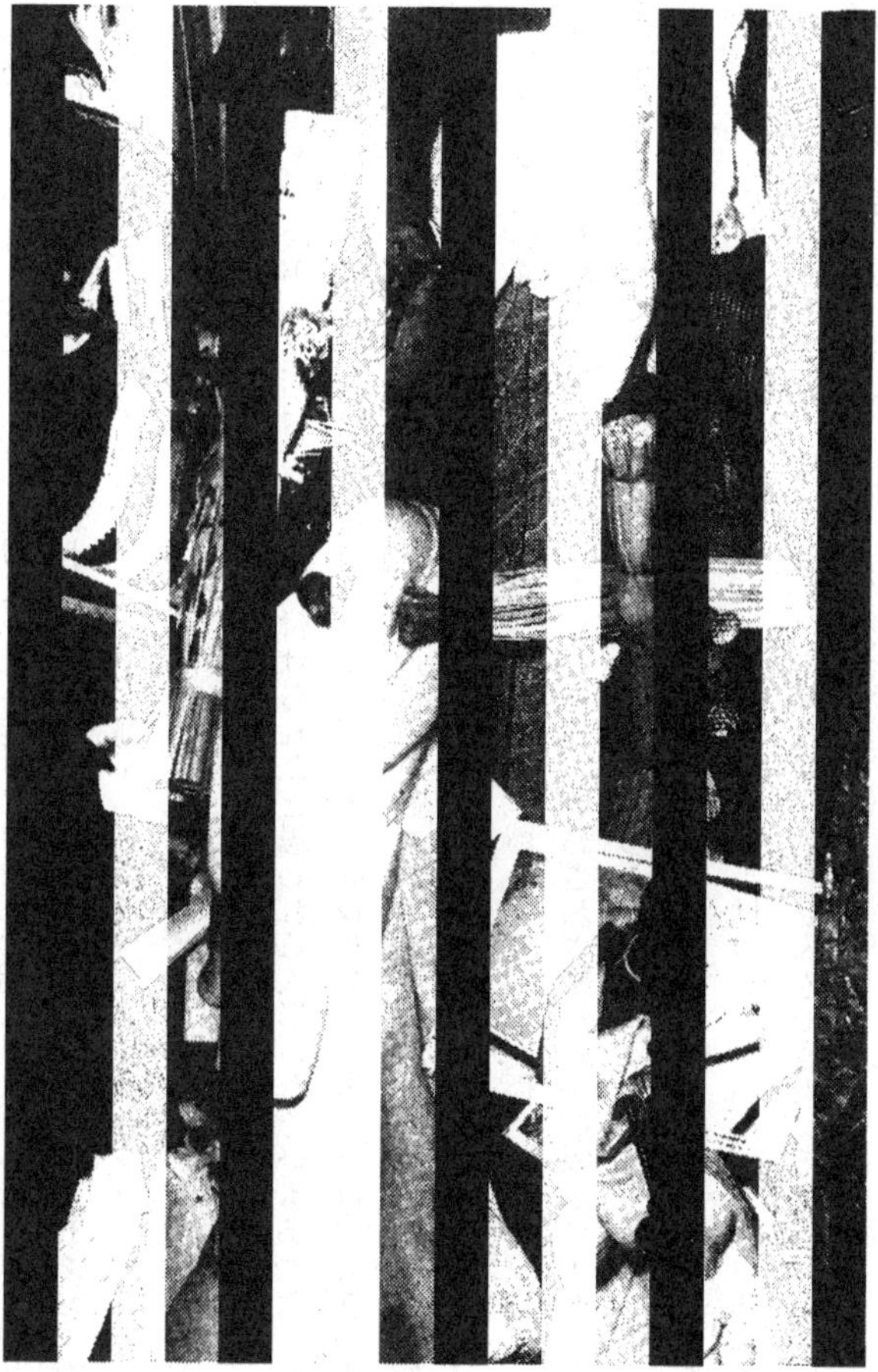

「丑の時参り」の信仰は、いまも生きている（写真撮影　内藤正敏）

施錠《せじょう》されていなかったので扉を開けてみた。途端《とたん》に私たちの目の前に異様な光景が現出した。ひとかかえもあろうかと思われる大木の一面に、さまざまなものが釘で打ち込まれていたのだ。靴、下駄、サンダル、スリッパ、靴下、パンティ・ストッキング、写真、人の形を描いた半紙、そしてワラ人形。内藤さんが、内心の興奮を抑えつつ夢中で撮影したのが前ページの写真である。

もちろん、なかには面白半分に打ち付けられたと思われる人形のたぐいもあった。しかし、釘を打ち込まれたこの四枚組の写真には、とても面白半分でやったとは思えない鬼気迫る雰囲気が漂っていた。顔・胸・下腹部に五寸釘を打ち込まれた水着姿のスナップ写真の下には、同じ女性の結納式・結婚式・披露宴での写真があり、顔の部分にはマジック・インクで×印が描かれていた。これは推測するに、いわゆる三角関係に敗れた女性が、恋敵を不幸にするために呪ったものだろう。それも、わざわざ結婚式や披露宴に出席したうえでのことのようであった。よほど身近な人なのだろう。

薄っぺらな板で囲われた、人ひとりがやっとはいれる一坪弱のこの空間には、私たちに有無《うむ》をいわせぬ「何か」が充溢《じゅういっ》していた。適当な言葉が見つからないが、人間の怨念《おんねん》とでもいうべきものだろうか。私は、撮影に未練を残す内藤さんをせきたてるようにしてタクシーへ乗り込んだ。正直ホッとした気持ちであった。

走りはじめてしばらくたってから気がつくと、日頃は冷静沈着なはずの内藤さんのコートのポケットのなかで、消し忘れた懐中電灯がボーッと輝いていた。

## 現代に生きる「呪い心」

人には多かれ少なかれ、誰かを恨んだり、妬《ねた》んだり、はたまた呪いたくなる心性がある。「あいつがいなくなれば（死ねば）、自分の成績の順位（会社の地位）が上がる」と思ったり、人の足を引っ張ってでも出世しようとする同僚や、ことあるごとにいじめる同級生に対して「不幸になればいい」などと思ったりすることは、現代の複雑な人間関係にあってはさして珍しいことではないだろう。これは、「怨念」と呼んでもいいものである。この本では、こうした人間の心性を「呪い心」と呼ぶことにする。

さらに、「呪い」にはもうひとつの側面がある。すなわち、こうした「呪い心」に導かれて、誰かに危害を加えるために、実際に呪文《じゅもん》を唱えたり、道具を使ったりなどといった神秘的な方法に訴えかけることだ。これを「呪いのパフォーマンス」と呼ぶことにしよう。つまり、「呪い」は、「呪い心」と「呪いのパフォーマンス」とがセットになってでき上がっているのである。

しかし、いくら私が「呪い」についてこう定義したところで、現代人の多くは表面的には「呪い」など信じないふりをしていることは、まぎれもない事実だろう。ことさらに呪いがどうしたこうしたなどといいだしたら、科学的理解の方法を万能とする、私たちの社会の共同幻想から逸脱したへんな奴だと思われてしまうにちがいない。

現在では、神社でワラ人形や写真に釘を打ち込んでいるところを警官に発見されたとしても、法律的には処罰されないことになっている。たとえ呪われたほうに「障害」や「災《さい》厄《やく》」が生じたとしても、両者のあいだに科学的な因果関係を立証できないからである。とはいっても、人びとの精神の奥底からすっかり「呪い心」がなくなったわけではない。胸に手を当ててみれば、さきほどの例のようなことは、誰しも思い当たるのではなかろうか。呪いなどは非科学的で迷信にすぎないと思ういっぽうで、「もしかしたら」という気持ちもまた否定できないはずである。人間の心性までもが「科学的」になったわけではないのである。

では、「呪いのパフォーマンス」はどうだろうか。

右に紹介した私たちの旅は、「呪い」との遭遇のための旅であった。しかし、現代の呪いの例は、古い時代の「呪い」の残存といったものだけではない。私のみるところでは、どうやら現代人は、一度は忘れようとした「呪いのパフォーマンス」を回復させつつあるようなのだ。

逆さに掲げられたどくろの旗（「朝日新聞」大阪版 1986年10月20日）

現代の日本人が公然と行なっている呪いをいくつかあげてみよう。たとえば、私が呪いに関する資料を集め始めたころ、「朝日新聞」（大阪版）の夕刊第一面に、奇妙な写真が掲載されていた。新聞の説明によると、この天地を逆にしたどくろの旗は、マンション住民がとなりに建築中の某電機メーカーの工場に日照権を奪われたことに抗議の気持ちをあらわすために掲げたものだという。工場の建築自体は合法のため、法的には争うことができない。そこで、行き場のない恨みの念が噴出して、この逆立ちしたどくろの旗の林立へと至ったのだ。これはまさしく、マンション住民の電機メーカーへの「呪い心」が生み出した、「呪いのパフォーマンス」といえるものである。

いうまでもなく、どくろは「死」の象徴である。しかも、後述するように、日本にはどくろを用いるさまざまな呪詛《じゅそ》法がむかしから存在していたのだ。また、旗の天地を逆にすることは、住民が意識していたかどうかは別にして、これまた日本の伝統的呪詛法のひとつで、現在の好ましからぬ事態を呪術によって逆転させる、という意味が託されているのである。

右にあげた例は、現実の世界での「呪いのパフォーマンス」である。おそらく、こうした時代状況を反映してであろう、近年、さまざまなメディアのなかに「呪い」もしくはそれに類する事柄が堂々と登場するようになった。ホラー映画や伝奇小説では、「呪い」は物語を構成する重要なモチーフにさえなっている。

## 誰かがあなたを呪っている

ところで、フィクションの世界に登場する呪いは別としても、実際に呪いのパフォーマンスに及んだ人たちは、少なくとも「呪い」がなんらかの形で効くと考えているはずである。効果がないと思えば、呪いをかけたりはしないからである。神秘的な力が発動しなくとも、少なくとも相手に対して「思いの深さ」は伝えられると考えていたはずである。

では、呪いを「かけられる」側はどうだろうか。現代にあっては、効かないと考えている人が圧倒的に多いはずだ。しかし、ここにひとつ大きな問題がある。呪いの多くは人知れず行なわれる。岐阜の神社で釘を打ち込まれた写真の女性にしても、自分が呪われているとは夢にも思っていないはずである。つまり、あたりまえのことかもしれないが、呪いをかけられる側は、自分に呪いがかけられていることを知らないのである。このことから、「呪い」に対する信仰は、呪いをかける側の心性だけでも成立する、ということが明らかになる。

もう少し具体的に説明しよう。あなたの知らないところで、友人のAさんが密《ひそ》かにあなたに呪いをかけていたとしよう。あなたに見立てられたワラ人形とか、あなたが写っている写真に釘が打ち込まれたり小刀が突き立てられる。このＡさんは、あなたに不幸が生じれば、きっと自分の呪いが効いたせいだと思うにちがいない。したがって、ここでは、「呪う」側の心性だけで呪いが成立しているのである。

あなたが自分にふりかかったさまざまな災厄をつねに合理的に解釈しようとするならば、あなたは呪い信仰という文化的な土俵から降りているので、Ａさんの呪いと自分の災厄とが関係づけられることはない。しかし、自分の災厄の原因を「神秘的なもの」が関係しているのではないかと思い、神社・仏閣でお祓い・ご祈禱をしてもらうだけではなく、さらにその原因をはっきりとしりたくなったならば、占い師や祈禱師のもとを訪れるはずである。そして彼らの占い・祈禱によって自分にふりかかっている災厄の原因が「神秘的なもの」によって生じたものであり、さらにはＡさんの「呪い」であるということになる場合があるわけである。さらにこの「判定」をあなたが受け入れたときに、あなたもまた呪い信仰の土俵に乗ったことになるのである。

しかし、あなたがその「判定」を確信をもって受け入れたとしても、Ａさんがほんとうにあなたを呪うためにワラ人形などを作って「呪いのパフォーマンス」に及んだのかどうかはわからない。呪いはひそかに行なわれるので、Ａさん以外は誰も知らないのである。

また、Ａさんがたとえほんとうに呪っていたとしても、「ハイ、私が呪いました」と素直に認めるはずがないだろう。要するに、ここでもまた「呪われる」側の呪いに対する信仰は、「呪う」側の人物の実際の心性や行動とはまったく無関係に成り立っているのである。

こうした「呪う」側と「呪われる」側の、いってみれば一方通行的な断絶した関係は、もちろん、具体的な「呪いのパフォーマンス」がともなっているかどうかは別にして、現代社会のさまざまな人間関係においてもみられるものである。

たとえば、親はできの悪い子どもを呪い、子どもはそうした自分を呪われた出自《しゅつじ》だと思い、産み落とした親を呪う。出世競争から転がり落ちたサラリーマンはライバルを呪い、呪われた側は自分の意のままにならない部下を呪う。そして、部下は部下で、親の躾《しつ》けの悪さまで持ち出して仕事のミスを非難する上司を呪う……。こうした相手の心性とは関係なく成り立つ「呪う」―「呪われる」の関係は、現代社会のそこかしこに見出すことができる。

その意味で、あなたのまわりにいる人からすれば、あなたは呪いをかける（可能性をもった）恐ろしい人物なのかもしれない。あなたの知らないところで、誰かがあなたの呪いのために苦しめられていると信じて、あなたを恨んでいるかもしれないのである。

また、逆にいえば、誰かがあなたに密かに呪いをかけ、あなたの身に生じる災いを喜んでいるかもしれない。ここに、呪いのもつ恐ろしさがあるといえよう。

そこで、この本では、こうした現代の状況をふまえつつ、日本の文化史において「呪い」とはどういうものであったのか、それは現代に生きる私たちの心性にいかに継承され、投影されているのか、さらには、呪いを生み出す人間の心性とはどういうものなのか——などといった問題について探っていきたいと思う。

こうした「呪い」の文化を追究した果てに、いったいどんな日本文化の姿があらわれてくるのか。この本の真の狙いはそこにある。

# 1章　蘇る「呪い」の世界

## 「呪い」をめぐる思索のはじまり

高知県香美《かみ》郡物部《ものべ》村（現香美市物部町）――この、日本のどこにでもありそうな典型的な山村が、私の「呪い」研究、日本文化研究の出発の地であった。

高知市内から直線距離で四十キロ、人口約二千二百人、高知県のほぼ中央を南北に流れる物部《ものべ》川の上流、霊峰剣《つるぎ》山南麓《なんろく》に位置するこの旧村は、かつては高知平野に住む人びとからみれば、剣山系奥深くはいった「隠れ里」のようなところであった。

私は、この地に一九七一年から、最初は「呪い」の調査などするつもりもなく、主として親族関係や隠居関係、そしてもしできれば犬神《いぬがみ》信仰などの人類学的調査をするために足を踏み入れた。

ところが、何週間か物部村に住みついて調査をしているうちに、高知に来るまでは聞いたこともなかった、呪い信仰を色濃く残す「いざなぎ流」と呼ばれる信仰と、それを伝承している多数の土着の宗教者・祈禱《きとう》者の存在を知ったのである。

彼らは、ふだんは農業や林業に従事し、私たちと同じような現代的生活を送っているので、特別の祭儀でも行なわれないかぎり、ふつうの旅行者はその存在にさえ気づくことはないだろう。

わけても、私を驚かせたのは、この地方では「太夫《たゆう》」と呼ばれるいざなぎ流の祈禱師たちが、「祭文《さいもん》」と称する祭儀に用いる宗教的物語を数多く所持していたことであった。そのなかに、私をすっかり魅了してしまう「呪詛《すそ》の祭文」（呪いの物語）が含まれていたのであった。

こうして、私は一九七一年以来、何度となく物部村の調査に通うことになった。だが、残念なことに、その間、村びとが実際に誰かを呪っている現場を目撃したことはおろか、それとおぼしき「呪いのパフォーマンス」の痕跡さえ見出すことができなかった。これは、当然といえば当然かもしれない。どこの世界によそ者の目に触れるところで呪いをかけたりする者がいるだろうか。

それに、祈禱師などによる「呪いのパフォーマンス」はさておき、むかしから一般の人の呪詛《じゅそ》は、呪っている現場を他人に見られたら呪いは効かなくなってしまうとされていたのである。

しかし、目撃したことがないからといって、この村に呪いを行なう人がいないということではけっしてない。いざなぎ流の祈禱師のなかには、人から懇願《こんがん》されてやむなく誰かを呪ってやったという経験をもっている者もいるし、ある祈禱師のところには、いまでもどこから聞きつけてくるのか、呪いを依頼する手紙や電話あるいは来訪がときどきあるのだという。

こうしたとき、彼は人を呪ったりするとその祟《たた》りが自分（依頼者）にはねかえってくるからやめろとさとすそうだが、それでも、どうしても呪いたいのだ、という人には、ほかの祈禱師を紹介するという。

もっとも、その先、その呪い依頼の落着き先がどうなったかは不明である。祈禱師たちによれば、ひとたび呪うと、相手がたとえ地球の反対側にいようとも効果を発揮するという。だからこそ、しろうとがいたずらに呪いをかけたりしてはならない、と教えさとすのである。

また、ときどき村の神社や山中などで大木に釘で打ち込まれた人形や写真が発見されるというから、この村のなかにも呪いを行なう人が、確実に存在しているのだ。私も、調査の途中で「俺《おれ》の親父はあいつの親父の太夫に呪い殺されたんだ」といった類《たぐ》いの村びと同士の会話を何度も耳にしたことがある。

とはいえ、この村で呪いが実際にどれほど行なわれていたのかは、まったく見当がつかない。そこで私は、こうした根強い呪い信仰、呪い幻想をもつ物部村の人びとが、いったいどのようなコスモロジーをもっているのかを調べることにした。

その調査で私がまず最初に感じたのは、この村の人びとは、自分や家族に生じたさまざ

旧物部村の霧深い森と地図

まな災厄《さいやく》・不幸、とくに病気の原因を、「呪い」によるものと考える傾向がきわめて強いということであった。

## 医者でもなおせない病気

物部村の人びとのコスモロジーにおける「呪い」のありようを理解するキーワードは、『憑霊信仰論』（講談社）等で詳しく述べたように、村びとが日常生活のなかでよく用いる「すそ」という語である。この「すそ」が、「呪詛《すそ》」に由来するものであることは明らかである。しかし、村びとの生活のなかで用いられている意味は、それとはかなり異なっている。もっと広い事柄を意味しているのだ。

簡単にいえば、それは社会秩序や自然秩序のゆがみから生じた、人びとに害をもたらす「ケガレ」のことをさしているのである。

たとえば、村びとの誰かが病気になったとする。医者に診てもらう。診断がおり、薬を渡される。その薬で病気がなおることもある。しかし、不幸にしてなおらないときもある。ところが、ここから先がふつうとは違ってくる。とくに、病気が長引いたりしたときなど、彼らは「ひょっとしたらこの病気は、医者ではなおせない病気なのかもしれない」という疑いをいだくのである。

医者でもなおせない病気――それは、「神秘的なもの」が病人の身体に害をもたらしているために生じた病気である。彼らはそれを「障《さわ》り」という。なにかが病人に障って（触《さわ》って）いると考えるのだ。しかし、ふつうの村びとにはなにが障っているかを確定することはできない。その原因を探り、説明する術を知らないからだ。そこで、いざなぎ流祈禱師をやとい、占《うらな》ってもらうことになる。その結果、「障り」の原因が明らかにされるわけである。

そもそも、「占い」というのは、こうしたふつうの人には知りえない「裏《うら》」の世界の様子を特別な方法で知ることを意味している。では、いざなぎ流の祈禱師はどのような占いの技法をもっているのかというと、これがじつに多様である。

現在もっとも一般的に行なわれているのは、数珠占《じゅずうら》で、呪文を唱えながら押しもんでいた数珠を、左手でしっかり支えながら右手で勢いよくしごき、そのとき左手の指の間にある数珠玉の数をかぞえて、その数が偶数《ぐうすう》か奇数《きすう》かで問いたいことの吉凶《きっきょう》、正否を判断する。

また、米占《ふまうら》といって、湯立てと呼ばれる沸騰した湯釜《ゆがま》の中に米粒を入れ、その米粒が描く形で吉凶を占うものや、三方《さんぼう》などの器に盛られた米粒の形を見て占うものなどもある。

ところで、病気を引き起こしている「障り」の原因には、大別してふたつのものがある。ひとつは神仏や祖先の霊（「霊気《りょうげ》」といわれる）の祟り（彼らは「お叱《しか》り」という）である。

たとえば、誰かが神仏が村びとに課しているタブーを破ったとする。神仏が宿るとされている聖地にむやみに立ち入ったような場合がそれにあたる。

この場合、悪いのは人間のほうで、神仏はその人間に神秘的制裁（病気）を加えて、タブー侵犯によって壊された関係の修復を迫る。そこで、病気になった者は怒っている神仏に供物《くもつ》を捧げて謝罪し、これを神仏が受け入れれば病気はなおる（と彼らは信じている）。実際には、病気がなおることで神仏の怒りが解けたということになる。また、正しく祀《まつ》られていない死者の霊がさまざまな「障り」を介して人びとに祀られることを要求することもある。この場合も、「霊気《りょうげ》」を病者から祓《はら》い落とし、祀り上げれば、病気はなおるわけである。

余談になるが、いわゆる霊感商法は、こうした人間の神仏や祖先の霊に対する恐れの気持ちを利（悪）用したものといえる。かつての調査では、七年間で、各地の弁護士会、消費生活センターに寄せられた霊感商法についての相談件数が、一万四千五百件、被害額は三百十七億円にのぼったという。

その手口は亡くなった近親者や水子の霊、あるいは何代もまえの先祖の霊まで持ち出して、その祟りが被害者に災厄を及ぼしているとして、供養のために財産を吐き出せと迫るのである。

米粒の形をみて占いをするいざなぎ流太夫

## 「生霊《いきりょう》」が、他人に災いを及ぼす

次に、「障り」の原因のもうひとつのカテゴリーとして、人間の邪悪な気持ちが生み出す邪悪な霊や神秘的な力がある。これは、誰かが特定の人に対して恨みや妬《ねた》みなど人間として好ましくない感情をいだいたり、さらには、そうした「呪い心」に導かれて恐ろしい行為、たとえば「呪いのパフォーマンス」に及んだときに生じる。

さて、物部村の人びとは、病気がなかなかなおらないとき、もしその原因が祟りでないとすれば、「ひょっとしてこの病気はすそがかかっているのではないか」という疑いをいだく。つまり、自分たち（病人とその家族）に対して悪意・敵意をもっている人間がいて、その人間の感情がなんらかの形で神秘的な力を発動させ、そのために病気が生じたのではないか、と考えるのだ。

人の邪悪な感情が神秘的な力を発動させる――これはいったいどういうことなのか。どんな力が働くというのか。「すそ」という語が「呪詛」という語に由来することからもうかがえるように、その中心にある観念は、邪悪な感情をいだいた人間が、自ら「呪いのパフォーマンス」をしたり、あるいはいざなぎ流祈禱師を密かにやとって、彼に「呪いのパフォーマンス」をしてもらうことで邪悪な神秘的力を発動させることである。

しかし、「すそ」の意味内容はそれだけではない。村びとたちが信じている「生霊《いきりょう》」によっても「すそ」が生じるのである。

生霊とは、人間だれもがその身体のなかにかかえもっている「霊魂」もしくは「気《き》」のことである。この霊魂が憎むべき相手に取り憑《つ》いて病気にしたり、命を奪ったりするというわけなのである。この「生霊憑《つ》き」は、生霊の所有者の知らないうちに発動する。

あいつが憎らしい、妬ましいと思っただけで、「あいつを殺したい、病気にしたい。だから、生霊よ、おまえがあいつに取り憑いて私の望みをかなえてくれ」などというようなことを、つまり具体的な呪いのパフォーマンスをしていないのに、この生霊は勝手に憎んでいる人間に取り憑いてしまう、と考えられているのである。

なんとも、すさまじい信仰である。自分の生霊を自分がコントロールできない――これは、自分の内部に意思に反して人を傷つけてしまう恐ろしい力があるということである。いまだ開発されていない内発的な力の存在である。

生霊もそうした人間の内部に隠されている力、無意識の領域にある力が、強度の怒りや憎しみによって発動するものといえるかもしれない。

また、「生霊憑き」信仰は、病気になっている側が病気をもたらした犯人を告発する際にもまことに都合がいい。告発された側がいかに否定しても、意のままにならない彼の生霊のせいにすることができるからである。

## 犬神《いぬがみ》は、富も災いももたらす

この地方では、もうひとつすさまじい神秘的力が信じられている。生霊のスペシャル・バージョンとでもいうべきものである。すなわち、この地方では「犬神統《とう》」とか「猿神統」とか「長縄《ながなわ》(蛇)統」とか呼ばれる家筋が存在しており、こうした家筋(民俗学では「憑きもの筋」と呼ぶ)では、「犬神」「猿神」「長縄神」といった動物神を祀っていると考えられている。

これらの動物神は、祀っている家筋の者を守護し、豊かにするために活動するのだが、その一環として祀り手に敵対する人たちに対して神秘的な攻撃をするという。つまり、敵に取り憑いてその精気を吸い取ったり、内臓を食いちぎったりするわけである。要するに、吸血鬼のような属性をもっているのである。

しかも、この動物神は、祀り手の命令で活動するだけではなく、生霊と同様に、祀り手がある人物を憎んだり妬んだりしただけでも発動するという。このため、犬神統の人が「隣りの家の今晩のおかずはおいしそうだな」と思っただけで、犬神は隣家へ出かけていって家人の誰かに取り憑き、食べ物を要求したり、食卓の上をメチャクチャにしたりすることがあると考えられている。

私が調査のとき出会った、村外から祈禱をしてもらうためにやってきた女性は、犬神に取り憑かれて二十年以上も苦しめられたという。その症状をくわしく聞くことはできなかったが、犬神が暴れるときには、自分の身体が自分の意志でコントロールできなくなるのだそうである。いろいろな病院を回り、評判の高い各地の祈禱師にも祈禱をしてもらったが、まったく効果がなかった。そこで、一縷《いちる》の望みを託して物部村の祈禱師に憑きもの落としをしてもらい、やっとのことで犬神から解放されたという。

憑きもの筋のなかでも圧倒的に数が多いこの犬神統の起源について、物部村で広く語り伝えられているのは、次のようなものである。

むかし、ある人間に激しい恨みをもつ者がいて、その恨みを晴らすために、自分の飼い犬を首だけ出して土のなかに埋め、犬が空腹に苦しみだしたところをみはからって、「どうか私の恨みを晴らしてくれ」と頼んで首を切り落とし、その霊魂を憎むべき敵に送りつけて殺したという。その子孫が犬神筋だというのだ。

これは「蠱毒《こどく》」と呼ばれる中国の呪詛法に酷似している。3章でくわしく紹介しよう。

## 犬神憑《つ》きとの出会い

こうした犬神憑きや生霊憑きは、都会で生活する現代人の多くとっては、まったく別世界の出来事だと思われるだろう。そういうひとりに、ある出版社の編集者B氏がいた。彼が私の調査に同行したときのことである。調査先の家で釣りたてのヤマメの塩焼きなどをごちそうになり、ごきげんで杯を重ねた末に、私たちは床についた。

翌朝、私が目を覚ますと、それを待っていたB氏が話しかけてきた。昨晩ろくに眠ることができなかったというのだ。わけを聞くと、私が寝ついてからしばらくして、彼もウトウトしていると、隣りの部屋から人間とも動物ともつかぬ異様な声が伝わってきた。はじめは夢かと思っていたB氏も、あまりの異様な気配にすっかり目覚め、ひょっとするとこれが話に聞いた犬神憑きなのかと思うに至ったのである。さあ、そうなると恐怖心が湧《わ》き上がり、一時間ほどして異様な声騒ぎがおさまったものの、いつまたはじまるのか気になってまったく眠れなくなってしまったというのであった。

これは、私の配慮が足りなかったのかもしれない。じつは、この家の奥さんは以前から犬神に取り憑かれているといわれ、病院に通ったり、何度もいざなぎ流祈禱師に憑きもの落としの祈禱をしてもらっていたのだ。私は、調査でこの家に泊まるたびに同じようなことを経験していたので、慣れっこになっていて、B氏に話しておくのを忘れてしまったのである。ひどい寝言のたぐいであっても、この村では犬神信仰と結びつけられて解釈され、B氏もそのような信仰的土壌のなかに入り込んでしまっていたのである。

物部村の人によれば、犬神は神とはいっても犬の霊を神として祀り上げたもので、偉い神様にくらべればはるかに位《くらい》が低く、頭もそれほど良くないという。だから、善悪の判断があいまいで、結果的に悪行を犯してしまうというのだ。そして、いったん人に取り憑くと、トランス状態に陥らせてふだんの意識を失わせ、その結果、憑かれた人は犬神の意識になって異様な言葉をしゃべったり、犬のように四つんばいになって動き回ったりするという。

こうした犬神をはじめとする動物霊を祀っているとされた家筋は、血を通じて広がるというので婚姻《こんいん》を忌避されることも多かった。差別された家筋だったのである。

## 犬神対祈禱師の戦い

ところで、これまで述べてきた神仏の「お叱《しか》り」「生霊憑き」「動物霊憑き」、そして「呪詛」のいずれも、村落社会ではそれほど珍しい信仰というわけではない。過去にさかのぼれば、どこにでもみられる信仰だった。近代医学が浸透する以前には、病気（とりわけ精神病）の原因の多くが、こうした信仰によって説明されていた。

したがって、物部の人びとの、自分の身に生じた災厄・不幸の説明のしかたが、他に類をみない独自のものだというわけではないのである。もしそこに特徴があるとすれば、こうした信仰がまだ根強く残っていること、それゆえ「障り」だとか「すそ」「お叱り」「呪い」などといった言葉を、私たちには信じがたいほど日常的に用いていること、そしてそのなかでも「呪い」をことのほか恐れているということである。

物部村における呪い信仰のありようを知ることによって、私たちは、日本の伝統的社会、村落社会において「呪い」とはいったいどういうものであったのか、「呪い」を生み出す人間の心性とはなにか、といった疑問を解く糸口をみつけることができるのである。

しかしながら、物部村でも、人間にふりかかる災厄・不幸の原因がすべて呪いのせいにされるわけではない。「神秘的なもの」の一部に呪いがあるということなのである。村びとは、災厄の原因を知り、それを除いてもらうためにいざなぎ流祈禱師をやとう。祈禱師は、求めに応じて「神秘的なもの」についての信仰知識のなかから、いかなる「神秘的なもの」が災厄をもたらしたのかを確定したのち、その災厄を除くための儀礼、つまり「治療」を行なうのである。そして、その治療の基本にあるのが「祓《はら》い」である。

その治療儀礼の基本パターンは、病人の身体にはいり込んで害をなしている「神秘的なもの」を駆り出し、「みてぐら」（五三ページ参照）と呼ばれるワラ製の器に御幣《ごへい》を立てめぐらした呪具《じゅぐ》に納め、それを川や村はずれ、あるいは「すそ林」（邪悪な霊物を捨てる〝ゴミ捨て場〟）に捨てるというものである。

さきほど紹介した二十年以上も犬神憑きに悩まされた女性を治療した祈禱師は、病人祈禱を専門に行なっている。彼によれば、病人の枕もとにすわるだけで障っている「神秘的なもの」の種類と力の強さがわかるのだという。そして、治療の結果、憑いているものが病人から落ちるときには、家の中の柱や天井《てんじょう》が鳴動《めいどう》することもあるという。いわゆるポルターガイスト現象である。

しかし、儀礼＝治療によって災厄が除かれることもあれば、失敗することもある。「神秘的なもの」がもつパワーに、祈禱師の「法」（呪法）が負けてしまうからだ。これを「法負けする」という。

「法負けし」した場合、病人の病いはさらに悪化し、死に至るだけではなく、祈禱師さえも災厄をこうむることもある。そこでさらに強力な「法」を用いて、そうした事態を克服しようとする。したがって、祈禱は病人がなおるまで何日も何カ月も続くことになる。

## 「呪い」のスペシャリストが、「呪い」をでっち上げる

祈禱師が災厄の原因を占いなどで確定する。これはきわめて重大な局面だといってよい。

というのは、彼がこの災厄＝病気の原因は「呪い」だといえば、そのとき「被害者」たちの信念のなかに呪いが発生し、呪詛者のイメージがあらわれてくる。

だが、原因が呪いではなく、たとえば水の神のお叱りだということになれば、呪いは発生したことにはならず、当然のことながら呪詛者も存在しないことになる（もっとも、水の神のお叱りも、広い意味では水の神の「呪い」ともいえるであろう）。

つまり、極端ないい方をすれば、いざなぎ流の祈禱師が、呪いのパフォーマンスがあったかのようにでっち上げを行なっているのだ。祈禱師は呪詛者として確定された人物が、「呪いのパフォーマンス」をしたかどうかを証明する物的証拠を握っているわけではない。占いや託宣《たくせん》がそう告げているだけなのである。

では、祈禱師は「障り」の原因をどの程度まで「すそ」として判定し、さらにいえば、どの程度、生霊憑き、動物霊憑き、呪詛として判定しているのだろうか。残念ながら、これはよくわからない。私の調査したかぎりでは、現在の祈禱師の占いの結果のほとんどは、「お叱り」である。

なかには、「呪い」によるとした例もあるにはあるが、はっきり誰が呪ったとは被害者に明かさないことが多い。明かさないまま、その「呪い」を儀礼的に処理してしまおうとする。つまり、「呪い」を身体から追い出して祓い捨てるわけである。

「犬神図」（部分） 製作地、製作者、製作年不明（国際日本文化研究センター図書館所蔵）

物的証拠もなく、占いの結果、誰それが呪っていると被害者に告げ、それが表沙汰《おもてざた》になったりしたら、逆に呪っているとされた者から誹謗中傷や人権侵害で訴えられるかもしれないからだ。

過去はどうだったのだろうか。結論からいえば、時間をさかのぼるにつれて、「呪い」によってもたらされた災厄とすることが多かったと思われる。なぜそういえるのか。その理由のひとつに、いざなぎ流祈禱師の信仰体系が、呪いをことのほか重視し、呪いに関する祭文（宗教的起源譚《きげんたん》）やあとで紹介する法文《ほうもん》（呪術行使のための唱え言）と称するものが、やたら多く今日まで伝えられていることをあげることができる。

とはいえ、いざなぎ流が村びとの呪いを重視する意識を育てたのか、それとも村びとの呪いを重視するコスモロジーがいざなぎ流を呪い重視型の信仰に仕立て上げたのかは、はっきりとはわからない。にわとりが先か、たまごが先か、を論じるようなものかもしれない。

しかし、いざなぎ流の祈禱師が「呪い」を得意とした呪術師ともいえる陰陽道《おんみょうどう》のスペシャリスト陰陽師《おんみょうじ》の末流であることを考えると、いざなぎ流の祈禱師がこうした「呪い」重視型のコスモロジーを作り上げたと考えたほうがいいのではなかろうか。

この構造は、たんに物部村といざなぎ流との関係だけにとどまるものではない。日本文化における共同体（成員）と呪い（呪術師）の関係についてもあてはまる。これについては、のちほどあらためてくわしく述べることにしよう。

## 呪詛《じゅそ》信仰・いざなぎ流

いざなぎ流とはなにか。これに答えるのは容易ではない。その理由のひとつには、いざなぎ流という信仰体系が、さまざまな信仰の混淆《こんこう》によってでき上がっていることがあげられる（小松和彦『いざなぎ流の研究』角川学芸出版、参照）。しかし、その中核に陰陽道的な知識があることだけは、はっきりしている。

陰陽道は近代にはいって急速に消滅してしまったが、街角に立つ易者の占いは陰陽道に基づくものであり、厄年《やくどし》や鬼門を恐れる民間信仰も陰陽道がいいだしたものである。そういう意味では陰陽道はまだ生きているともいえるのである。

陰陽師は、中世では「博士《はかせ》」とも「相人《そうにん》」とも呼ばれ、民間で活動した下級の陰陽師は、「唱門師《しょうもじ》」などとも呼ばれていた。これに対し、いざなぎ流祈禱師は、土地の人からは「太夫《たゆう》」と呼ばれていることはまえに述べた。

しかし、この太夫という語は、四国地方では巫女《みこ》、行者（山伏《やまぶし》）、神職など祈禱を行なう宗教者の総称であって、いざなぎ流祈禱師だけに用いられるものではない。彼らは、ほかの太夫と自分たちを区別するときには、「博士」(はかしょ)という呼び方をすることがある。このことからも、いざなぎ流が陰陽道の末流であることがわかる。

陰陽道の影響は、祈禱師が執《と》り行なう各種の祭儀にも色濃くあらわれている。彼らは、まえにあげた病人祈禱だけではなく、物部の集落の氏神の祭りや家ごとの先祖祭り(家祈《やぎ》禱《とう》という)、あるいは山の神や水神などの祭りの祭儀指導者としても村びとにやとわれている。この祭儀の方式に陰陽道の伝統が強く出てくるのだ。

次ページの写真を見ていただきたい。いざなぎ流では、さまざまな種類の御幣《ごへい》と御幣人形(切り紙で神をかたどったもの)を作って祭壇に飾りたて、湯立てをして米占《ふまうら》をしたり、神楽《かぐら》をしたりする。この人形を使った儀礼や占いなどが、陰陽道の得意とするところなのである。

このときの太夫のいでたちもまた興味深い。浄衣(しろむく)に花笠《はながさ》をかぶり、御幣を打ち振りながら錫杖鈴《しやくじようすず》を鳴らす。花笠の縁には五色の紙製の四手《しで》(注連縄《しめなわ》などにつける紙さがり)がたくさん垂れ下がり、顔がほとんど見えないせいか、すこぶる神秘的である。

## 「返《かや》りの風を吹かして」人を呪う

これは私の推測だが、草創期のいざなぎ流の太夫たちは、おそらくどこからかこの土地

いざなぎ流の山の神の祭りにおける祭壇

に流れてきた陰陽師博士だったのだろう。彼らは、定着していく過程で土地の人びとのもともとの民俗的な信仰を吸収し、政治的・経済的・社会的関係にも適応した形の信仰体系へと変形させていったのだ。そして、その中核に人間関係のゆがみから生じてくる「すそ」を置いたのである。

このことをはっきり物語っているのが、重要な祭儀の最初に一日がかりで行なう「取り分け」という儀礼である。

これは「すその取り分け」ともいわれ、日本や物部村や村びとの家といった空間、さらには祭儀参加者の身体（これも一種の空間である）のなかにもあるとされる、まだ目に見える形では災厄とはなっていない「すそ」つまり「ケガレ」を、丹念に捜し出し呼び集めて、「みてぐら」に封じ込め、日本と唐土《とうど》（中国）と天竺《てんじく》（インド）の境界上にあると考える「すその御社《みやしろ》」に送り流してしまうという内容の儀礼である。

この「すそ」はたいへん危険なものであって、それを除かなければ祭りが破壊されてしまうことさえあると信じられている。以前、私は、約三十年に一度行なわれるという氏神の大祭を見るために、物部村のもっとも奥まった集落・別府《べふ》を訪れた。ここの祭りでは、とくに入念に「すその取り分け」が行なわれる。

というのは、はるかむかしの氏神祭のとき、山を越えた向こうの村（現在の高知県安芸《あき》市）の太夫たちに呪いをかけられ、神殿の入口の障子に鮮血が飛び散るほどの被害を受けたからだという。

「すそ」を象徴的にあらわすものとしては、爪《つめ》、すね毛、垢《あか》、家の畳のゴミ、柱を削《けず》ったもの、家のまわりの四隅《よすみ》の土、かまどの灰、墓場の土、現在は祀られていない聖地の土などがあり、祭儀のときには氏子たちによって太夫のもとへ集められる。太夫はそれらのものを「みてぐら」に移し、集落の特定の場所に決められている「すそ林」に穴を掘って埋め、上に重い石を載せて「すそ封じ」とするのである。

この「すその取り分け」儀礼は、基本的には病人の祈禱と同じ儀礼である。さきほどみたように、病人祈禱は病人の身体のなかにある「すそ」を祈禱師が取り集め、それを「すその御社《みやしろ》」へ送り鎮めて病気をなおそうとするものであった。つまり、「病人祈禱」はすでに発生している災厄を祓い捨てる儀礼であるのに対し、「すその取り分け」はまだ災厄になっていない状態の「すそ」を祓い捨てる儀礼なのである。

ところで、かつてはこうした「呪詛《すそ》」の祓い捨てだけでなく、呪いそのものを呪いをかけた者のもとへ送り返す「呪詛返《がえ》し」（調伏《ちょうぶく》返し）もかなり行なわれていた。これは、現在でも太夫たちが、「呪詛返し」に用いるおびただしい数の書物を所持していることからも明らかである。

呪いを相手に返す——太夫たちが「返《かや》りの風を吹かす」と称するこの法は、呪詛依頼者（元本人《もとほんにん》という）や呪詛を請け負った太夫を呪うことにほかならない。相手が先にしかけただけで、呪術的行為としては同じことであり、相手に対抗してより強力な呪いをかけようとするものなのである。

では、こうした「すそ」を防ぐにはどうしたらいいのだろうか。いざなぎ流では「すそ」の侵入を防ぐためにさまざまな呪的囲いを張りめぐらす。太夫たちは儀礼を行なうにあたって要所要所で必ず身囲《みがこ》いの法を身に施し、祭儀の場には四方に注連縄を張りめぐらし、その注連には各方に三人ずつ計十二人の「コミコ」とか「ヒナゴ」と呼ばれる外敵の侵入を阻《はば》む守護・警護の神を配置する。要するに、幾重にも呪的バリアを設けるのだ。

## 悪魔・外《げ》法《ほう》を切り刻む

そこで、こうした「呪詛返し」のときに用いる「天道血花式《てんどうちばなしき》」と呼ばれる法文を紹介しよう。わかりにくい文句が並んでいるかもしれないが、できたら声を出して読んでいただきたい。なかなか迫力のあるリズムをもっていることがおわかりいただけると思う。

抑《そもそ》も　ち巻《まき》七段国《だんこく》にわ　中《ちゆう》段国より　空手障《そらしゆしよう》　差正障成《さつしようさわりな》したる　五人五性《ごしよう》　万人《ばんにん》す上《じよう》

の五ぞふ（臓）六府（腑）を打ちみだす　切りみだす　おんみだれやそばか　東方朝日《とうぼうあさひ》の天道血花《てんどうちばな》くづし　ちりまくさの大神《だいじん》様行ひ下す　打つけん（剣）　飛ぶけん　なぐけん　切るけんと行ひ下す（天地守護）　天ち（地）要合《ようごう》天地和合のこたか（小鷹）の印と　言車《ごんしゃ》の矢ぐいの　ひつ手にむすんで　巻立《まきたて》　巻下す　生血《なまち》と切りこむ　白血《はくち》ときりこむ　青ちときりこむ　黒ちと切りこむ　段国《だんこく》より　億々九億十万億の　其空《そのそら》に　南無《なむ》天道血花くづしの大神様　文部《もんぶ》の屋方《やかた》に行ひ下すわ　七度の祓《はらい》で祓ひ清《きよめ》て　家掛《やがけ》三丈　杉が宗《むね》　高天原《たかまがはら》より　三尺一分の玉の御幣《ごへい》の宇豆《うず》の折目を　かんなき　ひとへぎかいで　一時半時《いっときはんとき》に行ひ正じ下す　東方天道血花くづしの大神ちりまくさの王子《おうじ》と行ひ下す（五方）天道血花くづしの法もつて　悪する悪魔　邪魔する外法《げほう》　法障《ほうしょう》　まなち（真血）ときりこむ　五式（色）五色《いろ》の血花がおちこめ　ちりこめ　悪まのたい（体）わ　七ツにかきわり　八ツにけわり　玉水こんぱく　みぢんに切つて放す

どうやら、内容は「南無天道血花崩しの大神」を「ちりまくさの王子《おうじ》」として招きおろし、その剣によって病人に「障り」をなしている「悪魔」「外法」（邪悪な法）の類いをみじんに切り刻んでしまおうとするものらしい。

このちりまくさの王子の「王子」は、いざなぎ流では「式王子《しきおうじ》」と呼ばれ、祈禱師はこれを守護神・使役神として操ることで呪術を行なう。また、こうした呪術（法術）のことを「式法《しきほう》」と総称し、実際に呪術を行なうことを「式を行なう」とか「式を打つ」と呼んでいる。

つまり、この式王子は、古代から中世の陰陽師が使役神として操った「式神《しきがみ》」の子孫なのである。式神については、3章で触れることにするが、かつての物部村では、太夫たちが放つ式がさかんに飛び交い、呪的戦いを展開していたのだった。

たとえば、大むかし、集落を異にするふたりの太夫が争ったとき、互いに放った式人形（式神をかたどった紙人形）が空中で激しく戦ったが呪力伯仲《はくちゅう》で勝負がつかず、その激しい呪力によって近くの大岩が空中に浮遊したという。この岩は現在も「式岩」と名づけられて存在している。

## どうしたら人を呪い殺せるか

さて、こうした「式の行ない」のひとつに「不動王《ふどうおう》生霊返し《いきりょう》」と題されたものがある。これにはいざなぎ流が所持する典型的な呪いの法が登場する。原文どおりに紹介しよう。

もえん不動明王　火炎不動王　波切《なみきり》不動王　大山不動王　吟伽羅《こんがら》不動王　吉祥妙《きつしようみよう》不

動王天竺不動　天竺坂山不動　逆《さか》しに行ふぞ　逆しに行ひ下せば　向ふわ　血花にさかすぞ　みぢんと　破れや　妙婆訶《そばか》　もえ行け　多《(絶)》へ行け　枯れ行け　生霊　狗神《いぬがみ》猿神　水官　長縄　飛火　変火《へんび》　其の身の胸元　四方さんざら　みぢんと乱れや　妙婆訶　向ふわ知るまい　こちらわ　知り取る　向ふわ　青血　黒血　赤血　真血を吐け　血を吐け　あわを吐け　息座味《み》塵《じん》に　まらべや　天竺七段国へ行なへば　七ッの石を集めて　七ッの墓を付き　七ッの石の外羽《そとば》を建て　七ッの石の　じょう《(錠)》鍵下して　みぢん　すいぞん　あびらうんけん妙婆訶と行ふ　打ち式　返し式　まかだんごく計反《けいたん》国と　七ッの　ぢこくへ　打ちおとす　唵《うん》あびらうんけんそばか

　よくもまあ、おどろおどろしい言葉を並べたてるものである。この唱《とな》えごと、つまりいざなぎ流でいう「法文」は、「呪詛返し」つまり呪い返しの呪いのためのもので、「式王子」として不動王（不動明王）を逆さまに招き下ろし、害をなしているさまざまな霊と、それを操る人間を血花を咲かせて呪殺しようとするものである。

　この法文の末尾には、人形の絵が描かれ、「人形十二人　釘《くぎ》七十三　二十一　三十三　四十九」と記されている。つまり、こうした唱えごとをしたあとで、用意した人形十二体に釘を打ち込んだのである。

すでに述べたように、いざなぎ流では、あらゆる祭儀に神をかたどった切り紙製の御幣《ごへい》人形が数多く使用される。病人祈禱でもそうである。「人形祈り」は、いざなぎ流の大きな特徴なのである。

いざなぎ流では、季節によって人形の材料を使いわけるという。正月は松、二月は茅萱《ちがや》、三月は桃花、四月は麦わら、五月は青葉、六月は卯《う》の花、七月はそおはぎ（萩）、八月は稲葉、九月は菊の花、十月はからしな（菜）、十一月は白紙、十二月は氷の人形、といった具合にである。おそらく、こうした月による素材の使い分けは観念の上だけのことで、実際にはワラ人形や紙人形を呪い人形として用いたのであろう。しかし、こうした観念が生み出されたということ自体、いざなぎ流の呪い信仰の奥深さを物語っている。

誰かを「呪い調伏」（因縁調伏ともいう）する場合、このような人形を作って、「我は良かれ、人は悪《あ》しかれ、その子孫は絶え行け」と、地に伏し天を仰いだのちに人形を責め《せ》るのだという。その方法にもいくつかのバリエーションがあった。

たとえば、「杣法《そま》」と呼ばれるものは、墨糸《すみいと》を弓の弦《げん》にして、下に置いた人形に先の尖《とが》った小さな矢を射《い》かけるという。また、「天神法」といって、金床《かなとこ》の上に置いた人型《ひとがた》人形を金槌《かなづち》で叩《たた》く法、また、釘や針を人形の目や心臓の部分に打ち込む「針法」と呼ばれるものもある。

いざなぎ流太夫が使うさまざまな御幣　写真上より時計回りに十二のひなご、大呪詛の幣、三階みてぐら

こうした呪詛法は、もともといざなぎ流の師匠から弟子へと口伝《くでん》で密かに伝えられていったものである。そのため、太夫を志す者は幾人もの師匠につき、「商売敵」の太夫より少しでも強いパワー（呪術）を身につけることに情熱を燃やし、数多くの法術＝法文を編み出していったのである。

## 「祭文」が教える「いざなぎ流」の起源

いざなぎ流の太夫たちが、法文とともに信仰の中心に据えているものに、「祭文」と呼ばれるものがある。これは、太夫たちが神聖視・重要視している神々や祭具などの起源神話で、その主要なものはどのような祭儀においても必ず読み唱えられる。いってみれば、仏教の経文《きょうもん》に相当するものである。

そのひとつに、いざなぎ流の根本祭文ともいうべき「いざなぎの祭文」がある。そこには、いざなぎ流とはなにかを知る、大きな手がかりが示されている。物語の内容は、日本の占い上手の姫（巫女《みこ》）が、天竺《てんじく》（いざなぎ流では天竺天《てん》ということが一般的である）に住むいざなぎ流の太夫からいざなぎ流を習い受けて日本に伝える、というものである。あらましを紹介しよう。

むかし、日本に大王島という島があり、その王の娘に天中姫《てんちゅう》という姫宮がいた。姫は、七歳で学問を始め、ありとあらゆる経典や占い法を習い覚えた。しかし、それを用いて人を救う祈禱法だけは、どうしても知ることができなかった。ある日のこと、天竺天にいざなぎ大神《だいじん》という祈禱の名人がいるという噂を耳にした。

喜び勇んだ姫は、さっそく天竺へ渡り、いざなぎ大神を探し求めて旅していると、運よく病人祈禱のためにやとわれて日本に向かっていたいざなぎ大神の一行に出会った。天中姫は、いざなぎ大神に弟子入りして祈禱法を習いたいと告げる。すると大神は、こう答えた。「病人祈禱を頼まれたのだが、もし姫宮が米占《ふまうら》をするのなら、どんな病気なのか占ってはくれないだろうか」。

そこで、米占の心得がある天中姫は、さっそく河原の砂を米のかわりにして占い判じた。それによれば、大工が病人の屋形の大黒柱の下に、先端を四十八に割った墨差しを埋め置いたために、それが荒神《こうじん》（もともとは荒ぶる神の意であったが、やがて三宝《さんぽう》荒神などのように神格の一つになった）に対する大調伏（呪い）となり、荒神が目を覚まして災厄をもたらしているのであった。

しかし、姫の占い判じを信じかねたいざなぎ大神は、さらに、いざなぎ大神の笈《おい》（修験《しゅげん》者や行脚《あんぎゃ》僧が背負う脚つきの箱）のなかになにがはいっているかを占いで当ててみよ、と迫った。姫宮は、笈のなかには十二匹の外法《げほう》のもの（邪術に用いるけだもの）がいると占い判じた。

この占い結果に大神は激怒した。「私の屋形は式（式神）を使う家筋ではない。犬神も猿神も使ったことがない。外法などが笈にはいっているはずがない。占い直せ！」と。姫も負けてはいない。「私の占いに誤りはない。笈の蓋《ふた》を取ってごらんなさい」と答えた。

蓋が開かれた。驚いたことに、姫の占いどおり、十二匹のネズミが四方八方ならぬ、十二方に飛び出してあたりをはい回った。いざなぎ大神一行は、あわてて呪文を唱えてネズミを呼び集めようとしたが集まらない。ところが涼しい顔をした姫が呪文を唱えると、たちまち一ヵ所に集まった。

そこで、姫はこのネズミを荒神の眷属とすることにした。このネズミは、笈のなかにはいっていた柑子《こうじ》（みかん）を姫が法術で変身させたものだったのである。

これを見たいざなぎ大神はいたく感心し、「先に私の屋形に行って、私が病人祈禱から戻るまで待っていてほしい」と告げて去っていった。姫が屋形で待っていると、やがて無事に祈禱を終え、おびただしい謝礼の品を携えていざなぎ大神が戻ってきた。そして、師匠と弟子の関係が取り結ばれることになった。

姫宮は祈念祈禱の修行に励み、三年三月かかる修行を三月半で習い覚えてしまった。姫宮は、日本に戻るにあたって、自分が修行したという確かな証拠となるような式法を授けてほしいと大神に頼んだ。大神は快く「人形祈禱」を教えた。そして、最後の問い(試験)として、「いざなぎ屋形の第一の宝はなにか当ててみよ」と尋ねた。

米占《ふまうら》の結果、姫は今度もまた「いざなぎ屋形の天井に四寸の玉箱が隠されており、その中に十二匹の外法がいる」と判じた。大神は怒り、「いざなぎ屋形は七代伝わる屋形だが、外法は使わない」といいながら玉箱の蓋をあけた。すると、どうだろう。かなめ鳥という鳥が一羽飛び出てきた。この鳥の正体は明らかではないが、いざなぎ大神の守護神もしくは式神であったのかもしれない。大神は感心し、姫にいざなぎ流の最高の祈禱法である「弓祈禱《ゆみぎとう》」の法を授けた。こうして、いざなぎ流は日本から天竺にやってきた天中姫によって日本に伝えられたのである。

## いざなぎ流祈禱師は、「外法使い」か

いざなぎ流の起源説話ともいうべきこの「いざなぎの祭文」からも、いざなぎ流が異界(天竺)に伝承されていた祈禱法——実際にはかつて日本各地で行なわれていたさまざまな宗教——をもとにして作り上げられたことがうかがい知れるだろう。また、「人形祈禱」と「弓祈禱」が、いざなぎ流の祈禱法の大きな柱となっていることもわかる。

この弓を使って行なう祈禱法・呪詛法は、さきほど紹介した人形を使う呪詛法にも登場

したように、いざなぎ流の祭儀にはよく用いられる。神を招き寄せたり、あるいは神霊を脅かして追い払ったりするためである。「梓巫女《あずさみこ》」が弓を叩いて神憑《がか》って託宣をする信仰や、悪霊の類いを弓弦を鳴らして追い払う「蟇目法《ひきめ》」などの呪法もはいり込んでいるのだ。

もっとも、いざなぎ流の「蟇目法」は、弓矢で太陽を射るという恐ろしい法で、とんでもない目的を強引に実現させようとするときに用いられるという。太陽を射る——弓矢が届くはずもないのにどうして射られるのだろうか。それにはトリックがある。たらいに水をはり、そこに映った太陽を射るのだそうである。

ところで、この物語には、もうひとつ注目すべき点がある。いざなぎ大神が大事にしている玉箱、いわば守護神を納めている箱の中身が、二度にわたる天中姫の米占《ふまうら》によって「十二匹の外法」だと説明されていることである。これに対して、いざなぎ大神は必死になって「私は式（式王子）は使わない。犬神も猿神も使わない」と主張する。

たしかに、天中姫の占い判じの結果は、いざなぎ大神が外法使いだと断定するようなものではなかった。だから、いざなぎ大神の面目も保たれた。しかしながら、これは逆に、天中姫が師匠のいざなぎ大神の顔を立てながらも、じつはいざなぎ流の太夫たちは密かに式を打ったり、犬神や猿神を使ったりする外法使いの側面をもっていることを暴《あば》いた、ということも暗示しているのである。

事実、現在のいざなぎ流太夫たちも、いざなぎ大神は外法使いの家筋であったと考えている。また、彼らは、このいざなぎ大神と天中姫のふたりをいざなぎ流の始祖とみなし、自分たちはその子孫にあたると主張する。つまり、自分たちもまた外法使いであって、外法の知識も技術も知っているのだが、多くの太夫はそれを悪用することはない。しかし一部の太夫はそれを悪用することもある、というのである。

## ある呪いの物語

この「いざなぎの祭文」を通じて、いざなぎ流太夫の基本的イメージというものが、いっそう明瞭《めいりょう》な形で私たちのまえに浮かび上がってきたと思う。

しかしながら、誰が彼らに呪いを依頼し、彼らがなぜ呪詛を引き受けるのか、具体的にどのような呪い調伏や呪詛返しや呪詛鎮《しず》めの法を行なうのか、といった疑問はまだ残されたままである。

この点に関して、もっとも的確なイメージを与えてくれる物語がある。この祭文が、「呪詛《すそ》の祭文」と呼ばれるもので、そのものズバリ、呪いの物語なのである。

この祭文をはじめて知ったとき、私はよくぞこんな物語を作ったものだと驚き感心してしまった。その内容を学会に報告したときは傑作であった。ある研究者が、「あまりにもよくできすぎている。こんなものが、現在まで伝えられているとはとても信じがたい。小《こ》松《まつ》さんがでっち上げた話ではないのか」と、つい口にしてしまったほどである。それほどよくできた呪いの物語なのだ。

この物語は長大なうえ、方言や意味不明の文句が入り混じっている。したがって、原文ではなく、梗概で「呪詛の祭文」を紹介することにしたい。

釈迦羅仏《しゃからぼとけ》の子、釈迦釈尊《しゃかしゃくそん》の御世《みよ》のことである。あるとき、釈尊の妃が重病になったため、釈尊は神仏に、七十五品の珍品を献ずるので妃の病いをなおしてほしい、との願をかけた。そしてこの七十五品の諸物を揃えて持ってきたものに〝御世〟を渡す、といったので、これを聞いた弟の提婆《だいば》王が七十五品を揃えてやってきて、約束どおり〝御世〟を渡せ、と釈尊に迫った。このとき、百姓たちが、もしこれから釈尊殿の妃に男の子が生まれたならば、その子が七歳になるまでは提婆《だいば》王殿に〝御世〟を預け、その後はその子に渡すことにし、もし女の子なら〝御世〟は渡し切りにする、という提案をして承諾される。

やがて病気のなおった妃に釈迦王という男の子が生まれる。釈迦王が七歳になったとき、百姓たちは提婆王に、約束だから釈迦王に〝御世〟を渡すように、と要求する。提婆王は、七十五品の品々と引き換えた大事な〝御世〟を、そう簡単には返せない。釈迦王と提婆王とが弓競べをし、それに勝ったほうが〝御世〟をもらうことにし、負けた者は〝御世〟をあきらめ行脚修行《あんぎゃ》に出る、という提案をする。そこで提婆王と釈迦王との間で弓競べが行なわれることになった。

提婆王は天竺天《てんじくてん》に登って、石の的・黒鉄《くろがね》の的・皿刃《さらは》の鍬の的を三枚ずつ計二十一枚を揃えてきてこれを的に定めた。そして提婆王は十六人張りの黒鉄製の弓を取り、釈迦王には赤鉄製の二人張りの弓を与えた。

最初に釈迦王が的を射ることになり、神仏に祈念してから、一の矢を放つと石の的を、二の矢を放つと黒鉄の的と皿刃の鍬の的とを同時に射貫く。提婆王も負けじと一の矢をつがえて放つが、石の的に当たった矢は弾き飛ばされて天竺天へと舞い上がってしまい、次の矢は同じく弾かれて提婆王の手に刺さってしまう。怒り狂った提婆王は、弓をへし折り、マゲを脇差で切り落とすと、行脚修行に旅立ってしまった。

さて、提婆王には妃がいたが、この妃は提婆王に去られて嘆き悲しみ、これもみな釈迦王のせいだ、と釈迦王を呪い殺そうと思って、いろいろの神や仏に呪いの祈願をして廻る。しかし、そのかいもなく釈迦王には呪いがかからない。それでも妃は、釈迦王に対する呪い調伏・因縁調伏をやめようとしなかった。

あるとき、〝逆《さか》さま川〟に降り入って、天を仰ぎ地に伏し、水花を〝ばざん〟と三度蹴《け》上《あ》げ蹴下《けお》ろして因縁調伏していると、そこに天下を巡廻している唐土《とうど》じょもんが通りかかった。唐土じょもんは提婆王の妃の行為を、やってはならないことをしている、と諫《いさ》める が、妃は逆に彼に、女の身でこうしているのも理由あってのこと、といって呪い調伏を依頼する。唐土じょもんは、呪い調伏は行なってはならない法なのでできない、と拒否するが、ついに妃にいい負けて、たくさんの品物を取り揃えて差し出すならば、と承知してしまう。

妃がただちに要求された品々を揃えてきたので、自分はこれまで人を呪い調伏したことはないが、今度だけ呪い調伏をして進ぜよう、と〝逆さま川〟に降り入り、七段の壇を飾り、茅萱《ちがや》のひとがた人形を作って色ぎぬを逆《さか》しに縫い着せ、逆刀《さかがたな》を使い、六道御幣を打ち振り、水花を〝ばざん〟と三度蹴上げ蹴下ろし、天を仰ぎ地に伏して呪い調伏した。すると、この呪い調伏が釈迦王に当たり、彼は重病に陥ってしまった。

一方、釈迦王には八万四人の弟子がおり、その第一の弟子こうてい菩薩は体が不自由であったために八万三人の弟子たちにいびられて八谷の山に住んでいた。釈迦王の重病は八万三人の弟子が祈禱してもなおらなかったので、このこうてい菩薩が占い上手なので、彼に占ってもらうことにしようと、弟子がこうてい菩薩の住む山を訪ねた。彼はかつての仲間の姿を見て怒るが、他ならない師匠のことであるから占ってやろう、と八方投げ米《ふま》（米占い）をいろいろと行なって占った結果、〝逆さま川〟を通過する唐土じょもんに占い判じてもらうとよいと教える。

釈迦王がこうてい菩薩の占いどおりに〝逆さま川〟で待っていると、やがて唐土じょもんが通りかかる。釈迦王が唐土じょもんに病気の原因を占ってほしいと頼むと、唐土じょもんは占い判じることなど造作《ぞうさ》ないことと、八方投げ米《ふま》して占い、釈迦王に人の恨みを買うことを最近行なったのではないかと尋ねた。釈迦王は提婆王の一件を話すと、唐土じょもんは、その提婆王の妃が因縁調伏したので、それが当たってこの病いが生じたのだと占い判じる。

釈迦王が病気をなおしてほしいと頼むと、罪のない釈迦王が因縁調伏されたのであるから、それではその呪いが相手に返る呪詛の一掃返しを行なってやろうといって、提婆王の妃に要求したと同じ品を用意させ、〝逆さま川〟に降り入って、七段の壇を飾り、生粉《なまこ》のひとがた人形を作って色ぎぬを逆しに縫い着せ、逆刀を使い、六道御幣を打ち振り、天を仰ぎ地に伏し、水花を三度蹴上げ蹴下ろして、南無呪詛神の一掃返しを行なった。

この結果、釈迦王の病いはなおったが、その調伏返しが提婆王の妃に当たり、今度は彼女が重病に陥ってしまう。困った妃は、唐土じょもんに病気の原因を占ってもらうために、〝逆さま川〟で彼を待っていると、唐土じょもんが通りかかる。妃が病気の占いを頼むと、造作もないことといって八方投げ米して占い、これは先の因縁調伏の調伏返しの風が吹いたためによると占い判じる。

そこで妃は、それでは今度は呪詛の一掃返しをしてほしいと頼むが、唐土じょもんは、呪詛の一掃返しの法はしてはならない法なので、それでは呪詛の祝い直しの法を行なって病気をなおしてあげよう、とやはり多くの品々を用意させたうえで、南無呪詛神を、日本・唐土・天竺の潮境にある、とろくの島の呪詛の御社に送り鎮めた。

## 呪詛の起源と報酬のシステム

さて、この物語を読んで、現代における一族一家の財産をめぐる争いや同族会社の権力争いを思い浮かべた人もいるにちがいない。叔母—甥《おい》の関係のなかで呪詛をかけようとする提婆王《だいばおう》の妃、その呪詛のために病気になり、呪詛返しをしてもらう釈迦《しゃか》王、そして、呪詛返しにあたって病気になる妃——彼らと物部村のふつうの人びとの姿がオーバーラップする。そして、現代に生きる多くの人びととも。違いは、私たちの身の回りには、現代の唐土《とうど》じょもん、つまりいざなぎ流太夫がいないだけである。

こうして、いざなぎ流太夫たちは、「呪詛の祭文」にもののみごとに描かれているように、呪いのスペシャリストでもあることが明らかになった。事実、彼らはいう。唐土じょもんは、彼らが「呪詛」に関する諸儀礼、すなわち「取り分け」や「病人祈禱」、そして

「呪詛調伏」などを行なうときの祖先神である、と。また、ここに登場するさまざまな呪詛法は、現在でも彼らが引き継いでいるものなのである。

もっとも、誤解してはならないのは、こうした「呪詛の祭文」は「呪詛」をかけるときのみに用いたものではない、ということである。この祭文は「すその取り分け」や病人祈禱など、「すそ」を祓い落とすときに呪詛神の供養のために読み唱えられたものなのである。だからこそ、こうして伝承され、しかも一般の人たちにも気軽に見せてくれるのだ。要するに、「すそ」の起源の物語なのである。

さらに、見逃してはならないのは、こうしたスペシャリストとして活動するたびに、彼のふところには「天が蓋《ふた》で地が器《うつわ》」と称されるほど、どっさり謝礼がはいった、ということである。

物部村では、太夫への謝礼はできるだけ多く、と考えているのである。なかには、太夫にさまざまな儀礼をやってもらい、それへの謝礼を払うために働いてるようなものだ、と述懐する村びとさえいるのだ。

しかし、こうした心性は、私たちも例外ではない。神仏に対する賽銭《さいせん》や葬式費用の多寡《たか》によって、それに見合う「富」や「幸せ」や「災厄」までもが神仏から与えられる——日本人の多くがそう考えているのではないだろうか。少なくともそうした深層意識が働いている、と私には思えるのだ。

## なぜ、現代人は水子の祟《たた》りを気にするのか

人間は誰しも「呪い心」を持っている。あいつが憎らしい、あいつがいなくなれば——人を憎んだり、妬んだりすることは、人を好きになったり、愛したりするのと同様に、人間を人間たらしめている属性のひとつといっていい。

しかしながら、いくら「人を呪ってやりたい」あるいは「呪われているのでは」と思っても、それだけでは「呪い」が発生したことにはならない。

つまり、呪い信仰が成り立つためには、人の呪い心に説明を与え、「あなたは呪われている」と判断してくれるスペシャリストが必要なのである。少しまえまでは、全国各地にこのような役割を演じる祈禱師たちがたくさん活動していた。

それが、西洋医学をはじめとする近代科学の浸透によって、多くは後継者をえられずに消え去っていった。それにともなって、「呪う」—「呪われる」という関係を説明する信仰も、急速に衰退してしまったのである。

したがって、いままで述べてきた呪いの知識や技術にしても、現代人としては「ばかばかしい。非科学的だ」といって否定するか、さもなくば、ただただむかしの人びとの想像

力に驚嘆するしかないのかもしれない。

しかし、それは私たちが過去の日本人の生活をよく知らないからであって、かつてはこうした精神世界をもって日本人は生きていたのである。彼らが自分たちをとりまく世界に生起するさまざまな現象を、「呪い」という一種の知の体系・説明体系によって理解・納得していたのに対し、私たち現代人は「科学的」な知の説明によって「わかった」かのような気になっているわけだが、そこには、理解のしかたとして決定的な違いがあるとは思われない。

というより、水子の祟《たた》りを恐れたり、霊感商法＝先祖の祟りなどに振り回されている現代人は、「科学的」理解の方法では説明しきれない「呪い」の存在を、心のどこかで信じているともいえるのではなかろうか。

## 呪いの世界へのタイムマシン

いまでも物部村にはいざなぎ流が衰退しつつも生き続けている。なぜいざなぎ流が存続してきたのか。おそらく、その最大の理由は、村びとの家ごとの祭儀が、いざなぎ流太夫たちに掌握されていたことにある。

とりわけ、いざなぎ流祭式による先祖祭としての性格をもつ家祈禱《やぎとう》は、他に類をみないほど大がかりなものである。旧家の家祈禱では、理想的には六人の太夫が必要だとされ、大むかしは十二人もの太夫が必要とされていた。

こうした祭儀に長いこと慣れ親しんできた村びとが、いざなぎ流祭式での祭儀を求め続けてきたのである。そこに自分たちのアイデンティティーを見出していた、といえるかもしれない。そして、物部村の人びとは、こうした大がかりな祭儀を可能にするほど多くの太夫を養い続けていたのである。このために、周囲の村や町の人たちからは、異常なまでに太夫がたくさんいる、一種の「太夫村」として知られるようになったわけである。

では、なぜかくも太夫を必要とする祭儀が作られたのか。これについては歴史の闇のなかに消えてしまって、もはやはっきりとはわからない。ただ、わずかな文献などから推測すると、この地方の政治システムを支えるために、いざなぎ流太夫の先祖たちの力が動員されていたらしい。つまり、この地方の政治的支配者は、たんに物理的な強制力だけをもって支配したのではなく、さまざまな祭儀を執り行ない、宗教的な権威をも利用することで支配体制の確立をはかったのである。

さらに、太夫たちは政治的体制の存続・繁栄を祈るとともに、それに敵対する勢力に対しては「呪詛調伏」を行なったにちがいない。四六ページで紹介した、隣り村の太夫の呪詛によって被害を被《こうむ》ったという伝承は、こうした政治的・宗教的集団意識と無縁ではないはずである。

　このような権力者と呪術者・祈禱者との関係は、もちろん物部村だけにとどまるものではない。この本でおいおい述べることだが、日本の歴史に登場する権力者の背景には、こうした呪術者たちの姿が見え隠れしているのである。それは現代とて例外ではないのではなかろうか。権力（者）と呪術（者）との関係――これは、この本の大きなテーマのひとつなのだ。

　なぜ、物部村なのか。なぜ、いざなぎ流なのか。私は、いままでの自分の「呪いの旅」を振り返り、こう自問自答しながらここまで書き綴《つづ》ってきた。しかし、読者のなかには「日本の呪い」についてのこの本で、なぜかくも長きにわたって四国の山奥の村のことを書かなければいけないのか、疑問に思われた方がおられるかもしれない。

　たしかに、山奥の村のことである。しかし、真理は細部に宿《やど》ることがある。物部村には、そしていざなぎ流には、「日本の呪い」を研究するのに必要な、ほとんどすべてのことが伝えられているといえるのである。いざなぎ流が説く「すそ」について、ここでは「呪い」にしぼって紹介してきた。それは要するに「ケガレ」のことであり、それを身体から、社会から祓い捨て、身体や社会を浄化し、再生させる儀礼を行なうことが太夫たちの基本的な役割であった。こうした「すそ」とその「祓い」のダイナミズムこそ、日本の「呪い」の仕組みを、そして日本の社会の仕組みを読み解く基本となるシステムなのである。

それだけではない。ここは現在でも「呪い」が生きており、それゆえにその実態を知ることができる、願ってもない世界なのである。日本で呪いの知識・技術が花開いたのは、古代・中世である。私たちには文献でしか垣間《かいま》みることができない世界である。しかし、この物部村を知ることによって、私たちはそうした歴史的世界へタイム・ワープし、現代の視点からもう一度「呪い信仰」にアプローチすることができるのである。

# 2章　なぜ、人は「呪い」を恐れるのか

## 「おまえを呪《のろ》ってやる！」

「呪い」とは敵意の表明であり、殺意の表現でもある。もし、面と向かって誰かから「おまえを呪ってやる！」という言葉を浴びせかけられれば、誰だってなにがしかの不安感や恐怖心をいだく。

怨念が生き続けるかぎり、その人による妨害が、やがてどんな形にせよ自分の行く手にあらわれるかもしれない、という不安や恐怖を覚える。科学的解釈を重んじる現代人にしたところで、そうした妨害・災厄が神秘的な形をとって実現するかもしれないという不安を、完全には否定しきれない。なにしろ、「神秘的なもの」に対して、科学的解釈は無力である。いや、「非科学的」というレッテルを貼《は》って、はなから相手にしない、といったほうがはるかに正確かもしれない。

この呪いをめぐる個人的な幻想と共同幻想との関係については、おいおい明らかにしていくことにするが、そのまえに読者を、呪いの共同幻想が物部《ものべ》村を超スケール・アップする形で存在していた社会・時代に案内したいと思う。

そこは、呪いの恐怖が個人はもちろん、国家までをも支配する世界である。上下貴賤《きせん》を問わず、呪いを恐れ、呪いに振り回され、人びとはいっぽうでは呪いをかけられる危険性を感じ、その防御に腐心しながら生活するとともに、他方では時と場合を選んで「呪いのパフォーマンス」に身を任せていた。その典型のひとつが、奈良《なら》から平安にかけての時代であった。

## 「呪い」が支配する世界

奈良時代――それは私たちに、「青丹《あをに》よし奈良の都は咲く花の匂ふがごとくいま盛りなり」という歌に象徴される、華やかに繁栄し、平和に満ち満ちていた時代、というイメージを想起させる。そして、強大な律令《りつりよう》体制のシンボルとしての東大寺《とうだいじ》の大仏殿も。

だが、実際はそうではなかった。咲く花の奈良の都の巷《ちまた》には、呪詛《じゆそ》が盛りとばかりに満ちあふれ、宮廷内の政治も呪詛に導かれて行なわれていたのである。

『続日本紀《しよくにほんぎ》』という八世紀の律令国家が編纂《へんさん》した正史を見ると、こうした奈良時代の呪いの実態が浮き彫りにされる。誰それが呪詛を行なったかどで処罰されたとか、呪詛禁止の勅令（天皇の大権で出される命令）が発布されたとかいう記載が、たびたび登場する。

たとえば、神亀《じんき》六年（七二九）二月の、天武《てんむ》天皇の孫にあたる左大臣・長屋王《ながやおう》の呪詛事件。長屋王が、「左道《さどう》」つまり邪術を密かに学んで国家反逆を企てているという理由で聖《しよ》武《うむ》天皇の怒りをかい、天皇の命により妻子とともに自殺に追いこまれている。

長屋王は、天皇の内裏《だいり》にも匹敵する広大な邸宅跡が確認されている。この事件をきっかけに、以後、天皇・貴族・民衆が総ぐるみとなった呪い事件が展開されていく。事件直後の同年四月、聖武天皇による次のような勅令が発布される。

「政府の役人および民衆を問わず、異端の呪術《じゅじゅつ》を学び、厭魅《えんみ》呪詛（人形を用いた呪い）をして人を傷つけようとする者は、首謀者は斬首《ざんしゅ》、加担者は流刑《るけい》に処する。また、山野にはいり、仏教修行を装って邪術を学習したり、教えたり、あるいは書符《しょふ》（お札の類い）や薬を調合して毒を作り、人に害をもたらそうとすることも同罪」。

長屋王事件にショックを受けた天皇が、呪詛の禁止と呪詛者の弾圧を宣言したのである。聖武天皇といえば、現在の天皇が美智子《みちこ》妃を迎えたように、それまでの皇族から皇后を迎える慣習を破ったり、唐の先進文化を積極的に輸入したことで知られる、いわば開明派の人物である。その天皇が、呪いは効くということを堅く信じていたのだ。だから禁止したのである。

そして、勅令で禁止したということは、天皇をはじめとして、貴族や役人や民衆のあいだに、呪いを恐れる信仰が広範に流布していたことを物語っている。法（禁止）の根源とはそういうものである。誰もやりもしないことを、わざわざ禁止したりはしないはずである。そして、法（勅令）の発動はまた、権力者の恐れをも意味している。

現に、『続日本紀』によれば、この事件の前後には、「在京の僧尼が異形《いぎょう》、放浪の生活をして群れをなし、妖訛《ようか》（人をまどわす呪術）をなしたため、禁断・統制の沙汰《さた》が下され」たり、「安芸周防《あきすおう》の国人たち、みだりに禍福を説き、死魂を祀《まつ》って祈願する」といった状況が現出していたのである。

## 禁止するから、ますます呪う

私たちの目から見れば、この長屋王事件はまったくのでっち上げ・濡《ぬ》れ衣《ぎぬ》と考えることもできる。まえにあげた物部村の例からもわかるように、呪いの共同幻想に取り憑《つ》かれている人びとは、自分や身近に生じた病気その他の災厄の原因を、呪いに求めることがあるからだ。

つまり、長屋王自身は呪いとはまったく関係がなかったとしても、聖武天皇おかかえの呪術的ボディガードである占い師が藤原《ふじわら》氏にそそのかされて、天皇に生じた災厄を長屋王の呪いのせいだと占《うらな》ったために、「呪い事件」が発覚した、ということも考えられる。事実、記録によれば、数年後に長屋王は無実であったことが判明したという。長屋王の風下に立たされていた藤原氏の仕組んだ陰謀であったらしい。

要するに、聖武天皇と長屋王とのあいだになんらかの緊張関係があり、その政治的解決手段として「呪い」が動員されたことが重要なのである。呪いを恐怖する共同幻想が成立している社会にあっては、それはでっち上げどころか、正当な権力の行使として受け入れられたことだろう。なにしろ、呪いは禁止の対象だったのである。現在でいえば、殺人・傷害・国家転覆・騒乱等、ありとあらゆる罪名が列記される「事件」だったはずである。禁止とその侵犯——これは、いつの時代にあっても権力者を悩ます問題である。まして や、呪いを信じ、恐怖する共同幻想ができ上がっているのである。禁止=効果の認知が、かえって呪い信仰に拍車をかけることになる。

そうしたひとりに、孝謙《こうけん》天皇（女帝）の時代の左大臣 橘 諸兄《たちばなのもろえ》の長男、橘奈良麻呂《ならまろ》がいた。九世紀前半に成立した日本最古の説話集である『日本霊異《りようい》記』によると、彼は、「僧の人形を描いた的を立て、その黒眼を射《い》る術を学んだ」邪術使いだといわれ、天平勝宝《てんぴようしようほう》九年（七五七）、反乱を起こして鎮圧され、獄死する。また、大仏建立《こんりゆう》に功ありということで賞された宇佐八幡《うさはちまん》の神官や巫女《みこ》も、天平勝宝六年（七五四）、呪詛事件に連座したかどで流罪にされている。

私たちは、こうした呪いにおびえる、いにしえ人の姿を、一笑に付すわけにはいかない。誰かが呪っているかもしれないという恐怖に取り憑《つ》かれて、さらなる呪いへとエスカレートしていく心性は、仮想敵国の軍備強化におびえて、軍備の増強や兵器の開発競争に狂奔している現代人のそれと、なんらわけるところがない。

このほかにも、八世紀半ばごろの奈良の都では、貴族や僧侶・神官たちが国家転覆を謀《はか》って時の天皇・権力者を呪詛したとする政争が、数多く発生する。

しかし、それは奈良王朝の呪われた歴史の幕開けを告げる序曲にすぎなかった。この後、頻発《ひんぱつ》する呪詛事件は、桓武《かんむ》天皇による長岡《ながおか》京・平安京遷都《せんと》という大きな歴史的転回を導き出すモメントにさえなっていくのである。

## 呪われた奈良王朝

塩焼《しおやき》王一族の呪い・復讐《ふくしゅう》——桓武天皇に遷都を決意させるに至る奈良朝後期の、まさに呪われたとしかいいようのない状況は、この「呪い心」を軸にして転回する。

中納言・塩焼王。この人物は、天武天皇の孫にあたり、さきに呪詛事件で自殺を余儀なくされた長屋王とは従兄弟《いとこ》関係にあった。その彼が、恵美押勝《えみのおしかつ》こと藤原仲麻呂《ふじわらのなかまろ》の乱（七六四年）に連座したかどで処刑される。

藤原仲麻呂は、さきほどの橘奈良麻呂の反乱を鎮圧した人物であり、孝謙女帝のおかかえ呪術師として権勢をふるった僧・道鏡《どうきょう》を除こうとして、反対に斬罪されたのである。道鏡は、それを修すると厭魅《えんみ》野《や》道蠱《どうこ》毒《どく》がことごとく消滅するという「宿曜《すくよう》秘法」という呪術を使う呪術師であったという。呪いの因果《いんが》はめぐる、というべきか。

ここから、前章で紹介した「呪詛《すそ》の祭文」の内容とも通底するような、骨肉相争う呪詛事件が展開していく。

まず、塩焼王処刑の五年後の神護景雲《じんごけいうん》三年、その妻の不破《ふわ》内親王（聖武天皇皇女）が、天皇に対する不敬や悪行をなしたかどで京を追放され、王子は土佐《とさ》に流される。

この不敬と悪行の中身が、天皇に対する呪詛であった。不破内親王が、後宮に重きをなしていた県犬養宿禰姉女《あがたいぬかいのすくねおとめ》などにそそのかされ、称徳《しょうとく》（孝謙）女帝の髪を盗み出し、佐保《さほ》川から拾ってきた汚ないどくろの中に入れて「厭魅《えんみ》」した、という。夫を死へ追いやった女帝（四十六代と四十八代の二代に即位）への女の恨みである。「呪詛《すそ》の祭文」に登場する提《だい》婆《ば》王の妃の呪いを思い起こさせる。

事件の翌年、称徳天皇が崩御《ほうぎょ》し、光仁《こうにん》天皇が即位。なんと、不破内親王とは姉妹関係にあった井上《いのえ》内親王が皇后となった。その結果、呪詛事件の再調査が行なわれ、事件は丹比《たじひの》宿禰《すくね》乙女《おとめ》という女の誣告《ぶこく》（うその事実の告発）によるものと判明、不破内親王と王子の罪は解かれた。

ところが、喜びもつかのま、こんどは皇后の井上内親王が、自分の子どもである皇太子・他戸《おさべ》親王と共謀して、こともあろうに夫である光仁天皇を呪ったという理由で皇后を

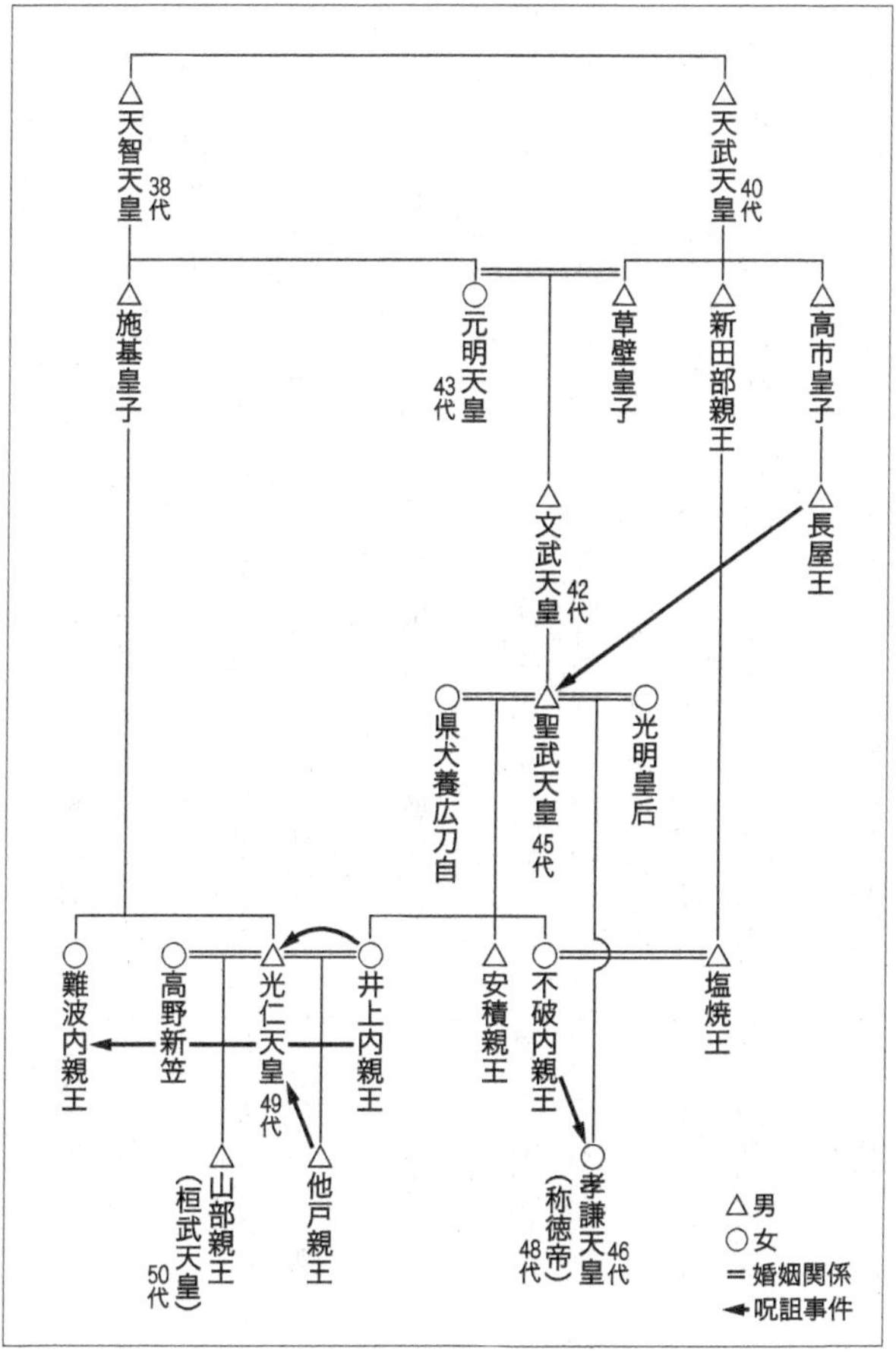


呪いに支配された奈良王朝

廃されてしまうのである。

今日の私たちにはとうてい想像もつかない。幸福の絶頂期にある人物が、それをもたらしてくれた、いわば福の神的存在に害を加えようとするわけだから。のちの記録では、藤原百川《ももかわ》の陰謀であったという。

井上内親王一族の不幸はなおも続く。他戸親王も皇太子を廃されてしまうのだ。井上内親王が新たな「厭魅《えんみ》大逆のこと」をしたというのが理由であった。光仁天皇の姉である難《な》波《わ》内親王の死が、彼女の呪詛によるとされたのである。

この事件もまた、政争が生み出した事実無根の濡《ぬ》れ衣《ぎぬ》だったのかもしれない。しかし、当時の井上内親王の周辺は、呪詛が行なわれてもおかしくない状況にあったことだけは確かである。皇后を廃された恨みだけではなく、井上内親王とその皇子・他戸親王一族と、光仁天皇のもうひとりの妻であった高野新笠《たかののにいがさ》とその皇子・山部《やまべ》親王（のちの桓武天皇）一族とのあいだには、皇位継承をめぐる鋭い対立があったのだ。

井上内親王母子は幽閉され、二年後、同じ日（宝亀《ほうき》六年四月二十七日）にこの世を去った。自殺したのか、それとも暗殺されたのか――『続日本紀』にもその理由は記されていない。

いずれにしても、光仁天皇、そしてその跡を継いだ桓武天皇も、この母子の霊をひどく恐れ、この後、その怨霊《おんりょう》の祟り、つまり死者の呪いを鎮めることにたいへんな神経を使うことになる。桓武天皇がついに奈良の都・平城京を捨て、長岡京へ都を移そうとした理由のひとつは、このふたりの怨霊の祟りから逃れるためであった。しかし、新たな呪い（実弟・早良《さわら》親王の祟り）の発生が計画を頓挫《とんざ》させ、結局、平安京に都を求めることになる。御霊《ごりょう》（怨霊）の時代ともいえる平安時代は、こうしてはじまったのである。

## 近い関係だからこそ、「呪い」が生まれる

いままで述べてきた天皇をめぐる呪詛事件の特徴を整理すると、次のようなことが明らかになる。まず、呪う者と呪われる者がごく近しい社会的関係にありながらも、両者のあいだに潜在的な対立があるようにみえることだ。一連の呪詛事件は、天智《てんじ》天皇系統につらなる皇族と天武《てんむ》天皇系統のそれとのあいだの、皇位をめぐる争いなのである。

天智天皇と天武天皇は兄弟である。つまり、近しい関係にあればあるほど、いったん愛と憎しみ、富の所有と排除をめぐって「呪い心」が生じると、はてしのない泥沼に陥っていく。日本の国をつくったというイザナキとイザナミの夫婦神によるこの世とあの世の境での呪詛合戦や、男をめぐって争った醜女《しこめ》のイワナガヒメ（磐長姫）と美女のコノハナサクヤヒメ（木花咲夜姫）の姉妹、釣り針をめぐって争った海幸彦《うみさちひこ》・山幸彦《やまさちひこ》兄弟の呪詛事件

も、こうしたカテゴリーにはいる。

人は自分にとってどうでもいいような対象に「呪い心」をいだいたりはしない。かつて愛したからよけい憎んだり、利害が密接に関係すればするほど妬《ねた》んだりするのである。マンションの隣人が別荘を持ったことを妬んでいやがらせをすることはあっても、見ず知らずの大富豪を妬み、呪ったりする人はあまりいない。

こうした関係は、私たちのまわりにもたくさんあるのではなかろうか。企業社会にあっても、かつて机を並べたライバルの出世を妬み、あらぬ噂《うわさ》をでっち上げて失脚を狙うなどということはよく耳にするところである。これまた「呪い心」のなせる業である。もしそこに奈良朝との違いがあるとすれば、はっきりとした「呪いのパフォーマンス」があるかないかだけである。いや、ひょっとしたら密かに行なわれていることだってじゅうぶん考えられるのだ。これはもう程度の差にすぎない。

## 「呪い心」に説明を与える

こうした呪詛事件のほとんどがでっち上げだったらしい。

けれども、事件をでっち上げるためには、多くの人間が納得する（だまされる）真実味あふれた虚構を作り上げなければならない。そこで、その道の権威として「呪いのスペシャリスト」が登場する。彼らが「事件」＝犯罪の存在を認知し、それに共同体成員が納得する「理由」、つまりそこに呪詛事件があるかのように「説明」を与える。現代では、犯罪を認知する警察が、ときにはそうした役割を演じることがある。

たとえば、ある人物が井上内親王が天皇を呪詛していると密告したとする。だが、いくら呪いを信じている天皇や貴族といえども、申し立てを鵜《う》呑みにしたわけではない。謀略の可能性もある。密告の内容が正しいかどうかを判断する必要があるのだ。そこで呪いのスペシャリストが動員され、占いなどによって呪詛の有無を「証明」したのである。

呪禁師《じゅごんじ》――奈良朝では、中国伝来の知識・技術を駆使した「呪いのスペシャリスト」はこう呼ばれていた。彼らは、大きくわけてふたつの呪法を行なっていた。人形を用いる「厭魅《えんみ》」と、動物の霊魂を操る「蠱毒《こどく》」である。具体的な方法については、次章で紹介しよう。

こうした呪禁師《じゅごんじ》の呪いの技法は、時代が下るにつれて宮中から民間へと流布していった。平安時代にはいる直前の七八〇年には、次のような勅が発布されている。

「このごろ無知な民衆が巫覡《ふげき》（民間の宗教者）をやとってやたらと淫祀《いんじ》を祀り、蒭狗《すうぐ》（動物霊を祀って富裕になろうとする者）の祭壇や符書の類いなどが市中にあふれ、事に託して福を求め、さらに厭魅にまで及んでいる。このようなことはこれから、厳しく禁断せよ」。

要するに、貴賤上下を問わず、呪いに狂奔していたのである。その陰には「巫《ふ》」と称されるさまざまな宗教者が存在し、呪いを含んだ宗教的・呪術的活動を行なっていた。まぎれもなく平城京跡から発掘された木製の呪い人形は、そうした信仰の一端を物語っている。

## 日本歴史を転換させた「死者の呪い」

いま述べたことは、いわば「呪いのパフォーマンス」があったかなかったかという問題である。だが、じつは呪われたとする側がもっとも恐れていたのは、たんなる呪いのパフォーマンスの有無ではなく、呪いのパフォーマンスを生み出す「呪い心」＝怨念のほうであった。「呪い心」が誰かの心のなかで肥大化し、それがいつか自分に大きな災厄をもたらすのでは、という恐怖心にさいなまれていたのだ。

結局、目に見えない人間の心がいちばん恐いのである。むしろ、具体的な形となった（とされる）行為であれば、対処のしかたもあるからだ。だからこそ、天皇や貴族たちは呪いのパフォーマンス＝呪詛事件をでっち上げ、いつ呪われるのかという恐怖から逃れようとしたのである。

呪われるまえに呪え――それは果てしなき呪詛合戦を生み出した。人びとは呪詛事件をでっち上げ続け、ばれてもばれても、いいかえれば禁止をかえりみず呪い続けたのである。

密かに禁止を侵犯するという意味からすれば、恐怖を裏返しにしたある種の快感が、彼らの行為にドライブをかけていたのかもしれない。

そして、こうした天皇や貴族たちの世界観が行き着いた先は、呪いの底なし沼であった。すなわち、生者に対する呪いだけではなく、死者の呪い（怨霊の祟り）という、もはや生者によっては対処できない世界にまでも呪い信仰を持ち込んでしまったのだ。

もちろん、それ以前にも先祖の霊や死霊の祟りを説く民間の巫覡《ふげき》たちがすでにいたらしい。だが、天皇や貴族が、恨みを残して死んだ敵の祟り＝呪いを極度に恐れることになったのは、奈良朝末期からであった。こうした死者の呪いという観念を日本の社会が受け入れたとき、呪いの歴史、いや日本の歴史そのものが大きく転換する。

死者の呪い――私たちは、現代に至ってもなおこの観念を捨てることができないでいる。いや、むしろ生者の呪いに対する信仰は衰えたものの、恨みを残してこの世を去った死者の呪いについての信仰は、ますます盛んになっているといえるのではないだろうか。新聞のチラシ広告などで、次のような文面のものを見かけられた方も多いはずである。

「一、一定期間続けても医者や薬で治らない。二、医者から異常なしと言われたが、本人には苦痛があり原因がわからない。三、ノイローゼ等精神的なもの。ノイローゼ、酒乱の九割は霊障が原因。四、次から次へと病気になる人。五、医者から見放された人、生命にかかわる病気、人には恥ずかしくて言えないような病気。以上のような原因に心当たりのある人は、早く鑑定を受ける必要があります。霊障の原因が判明すれば、ただちに霊を解脱し、除霊して供養する解脱除霊供養をしなければなりません」。これは、日本最大の易断団体が出しているものである。

かねがね不思議に思っていたのだが、現代人の多くは、生きている人が憎き相手を、たとえばワラ人形で呪ったなんて話を聞くと、「ばかばかしい、非科学的だ」といって一笑に付す。だが、話が死者の怨念や呪い、たとえば水子《みずこ》や先祖が祟っているということになると、とたんに大まじめになる。水子供養《くよう》や霊感商法などに振り回されている現代人の姿は、その端的なあらわれである。

## なぜ、死者を恐れるのか

奈良時代の律令国家は、生者の呪いにおびえることで血塗られた歴史をつづった。続く平安京の時代には、加えて、死者の怨念が生者に祟り（災厄）をもたらすことでその恨みを晴らす、という怨霊《おんりょう》の信仰が大流行する。

もともと、祟りというのは、神仏が示現すること、つまり霊験（奇跡）をあらわすことであったらしい。必ずしもマイナスのイメージだけが託されていたわけではない。それが、次第にマイナスの面が強調され、人間に対して怒りをもって示現することが祟りだという ことになった。

これが、平安時代になってさらに変質した。神の祟りだけではなく、死者の霊が生前の恨みを晴らすため、つまり生前にかけた呪いを実現させるためにこの世に生きている者に災厄をもたらす、と考えられるようになったのだ。

死者の呪い——生者にとっては、これほど始末におえないものはない。たとえ、憎き相手を呪いや物理的手段で殺したとしても、その人物の怨霊が生者を呪い続けて災厄を及ぼすというのだから。これが生者の呪いであれば、ひょっとしたら敵対関係そのものを修復できるかもしれないし、呪いをかけている人物を発見して、遠方の地に流したり、獄につないだりして、二度と呪えないようにすることもできる。

だから、この時代にあっては、死霊になって祟ることを恐れるあまり、反乱・反逆の首謀者を処刑できず、しかたなく流刑《るけい》にしたというケースもあったかもしれない。場合によっては、政治的ライバルの自然死さえも恐れていたかもしれないのだ。

## 御霊《ごりょう》——人間の恐怖心が「創造」した神々

怨霊が跋扈《ばっこ》する平安時代——その幕を開けたのは桓武天皇である。彼が、義理の母にあたる井上内親王やその子・他戸親王の怨霊などを恐れて平城京を捨て、長岡京への遷都を計画したことはまえに述べた。

ところが、彼はわずか十年でこの長岡京も捨て、平安京へ遷都するのである。これまた怨霊を恐れてのことである。実の弟・早良《さわら》親王の祟りである。

早良親王は、長岡京遷都を推進し、桓武天皇の信任も厚かった藤原種継《たねつぐ》が暗殺された事件(七八五年)に関与したという理由で皇太子を廃され、淡路《あわじ》へ流される。ところが、その途中、無罪を主張する親王は、ハンガー・ストライキをして餓死してしまう。

これがはじまりであった。数年を経ずして、桓武天皇夫人の旅子、母の高野新笠《たかののにいがさ》、皇后・乙牟漏《おとむろ》が次々に死に、さらには皇太子の安殿《あて》親王(のちの平城《へいぜい》天皇)もたびたび病いに伏せたのである。この一連の不幸が、早良親王の祟りと考えられたのである。『続日本紀』およびそれに続く正史である『日本後紀《にほんこうき》』には、桓武天皇が淡路に使者を派遣して、早良親王の霊に謝したという記事がたびたび登場する。

結局、桓武天皇は怨霊から逃れるために平安京の建設に踏み切り、早良親王に崇道《すどう》天皇の名を追号した。自分に災いを及ぼさないようにと、崇《あが》め奉ったわけである。これ以前、天皇号の追号は、いずれも非業《ひごう》の最期を遂げた草壁《くさかべ》皇子、舎人《とねり》皇子、志貴《しき》皇子の三例が知られるのみで、このことからも、いかに桓武帝が、早良親王の怨霊を恐れていたかがうかがい知れる。

こうした死者の呪い――怨霊を恐れる心性は、この時代だけにとどまるものではなかった。その後も日本文化の負の核としてしっかり根づき、生き続けることになる。怨霊の祟りに対する信仰が、新しい祭祀の形式、「御霊《ごりょう》信仰」を生み出したのである。

これはいいかえれば、怨霊が祟るという共同幻想に支配された人たちが、その祟りを鎮め・防ぐ方法をどのように発見・発明したか、という問題でもある。結論からいえば、彼らは新たな神を創り出した。つまり、神の祟りを防ぎ鎮めるには神を祀ればいい、という古くからのやり方を敷衍《ふえん》して、怨霊の怒りをほどくあらゆる手だてを尽くしたあとで、神として祀り上げ、あの世へ追い払えばいいのではないか、と考えるに至ったのである。

こうした祭祀《さいし》を執り行なうために多くの宗教者が動員され、彼らの説く新しいテクノロジーが呪詛防止、呪詛返しのために用いられたのである。陰陽《おんみょう》道や密教は、そうした新しいテクノロジーであった。

## 触《さわ》らぬ神に祟《たた》りなし

生者の呪いにしろ死者の呪い（怨霊の祟り）にしろ、その呪いが憎むべき敵に向けられ、敵方に災厄が降りかかれば、呪いは成就したことになる。呪う側が生者から死者にまで拡大したとはいえ、桓武天皇のころの怨霊の祟りは、「呪う者」と「呪われる者」という一対一の呪詛関係のなかにあると考えられていた。

ところが、九世紀の中ごろになると、このいわば限定つきの怨霊思想が、新しい展開を遂げることになる。怨霊の祟りがエスカレートして、第三者をも巻き込んだ形で発生しはじめるのである。

そもそも、生者の呪いもそうだが、怨霊の祟りも、狙われる当人にすればたまったものではない。だが、第三者ならば高みの見物をきめ込むこともできる。「触らぬ神に祟りなし」である。ところが、強力な怨霊が出現して、無差別に祟りをなすということになると、話は別である。他人《ひと》ごとではすまないからだ。

こうした第三者をも巻き込む怨霊の祟りに対する民衆の集団意識から、日本の歴史に連綿と続いていく「御霊《ごりょう》信仰」が生み出された。民衆は、疫病《えきびょう》が流行したり、天変地異が頻発して多くの人間が死んだりすると、それは政争に敗れて非業の死を遂げた者の祟りによるものだと考えたのだ。これは、民衆による一種の支配者批判といってもいい。そこには、支配者たちが政争に明け暮れてろくな政治をしないから怨霊が発生し、俺たちの生活はメチャクチャになっている、もっとまともな政治をしてくれ、という批判と願望が示されているのである。

「御霊」とは怨霊のことである。それも、呪う者と呪われる者という一対一の関係を飛び越えて、社会秩序や自然の秩序をもかき乱し、無差別的に人びとに呪いをかけてくる怨霊である。そのようなパワフルで恐ろしく、民衆にとっては理不尽ともいえる怨霊を、神として祀り上げたものが「御霊」だったのである。こうした御霊信仰は、もとをたどれば支配者間における権力闘争から生み出されたものである。彼らが政治的ライバルの存在に脅《おび》え、それを葬り去ったからだ。

ところが、それが民衆にまで拡大し、政治批判という形をとるに及ぶや、一転して支配者は、怨霊と災厄との因果関係を躍起になって否定しようとした。『日本後紀』によれば、亡くなった天皇の遺誡（いましめ）をかりて、「世間では物の怪が出現するたびに先霊の祟りというが、これはいわれなきことである」とまでいわしめている。

だが、結局は国家の支配者が、国家として祟り鎮《しず》めをすることになる。それが「御霊《ごりょう》会《え》」である。その最初は、『三代実録』によると、貞観《じょうがん》五年（八六三）、京都の神泉苑《しんぜんえん》で行なわれ、桓武天皇を脅かした崇道天皇こと早良親王、桓武天皇の第一皇子である平城天皇のグループにおとしめられて服毒自殺した桓武夫人・藤原吉子《よしこ》とその子・伊予《いよ》親王など六人の霊が、「六所御霊《ろくしょごりょう》」として祀られた。いずれも恨みを残して死んでいった政治的敗者たちである。

上は天皇・貴族から下は民衆まで、政争の渦中で非業の死を遂げた犠牲者の怨霊の祟りが、洪水や疫病の原因だと考えていた。そして、洪水や疫病などの天変地異を鎮める、つまり怨霊の怒りを鎮めるのは、支配者である天皇や貴族の役割であるとも考えたのだった。

## 人を鬼と変える「呪い心」

平安時代をさらに下ると、日本歴史上最大級の怨霊が登場する。いまでは学問の神様として知られる菅原道真《すがわらのみちざね》の怨霊である。

学者・文人であった道真は、政界でも出世階段を登り、右大臣の職についた。先例としては道鏡全盛時代に文人政治家・吉備真備《きびのまきび》があるだけである。ところが、醍醐《だいご》天皇とその信任が厚かった政治的ライバルの左大臣・藤原時平《ときひら》によって九州大宰府《だざいふ》に左遷されてしまう。道真は、その恨み・怨念を「東風《こち》吹かば匂ひおこせよ梅の花　あるじなしとて春を忘るな」という歌に託すかのようにして、かの地に没する。延喜《えんぎ》三年（九〇三）のことである。

ほどなくして、うち続く洪水や疫病の流行は道真の祟りである、という噂が京の巷《ちまた》に流れ、次第に大きくなっていった。それと期を同じくして、宮廷でも災厄が続出した。道真左遷の首謀者・藤原時平と、保明《やすあきら》親王、慶頼《よしより》王のふたりの皇太子が相次いで死に、さらには、天皇が起居する清涼殿《せいりょうでん》を雷が直撃したために、何人もの貴族が死亡し、醍醐天皇も崩《ほう》御《ぎょ》する。

その間、早良親王に崇道天皇と追号したのと同様、道真を右大臣に復し、正二位を追贈したが、災厄はやむことがなかった。そこで、ついに道真の怨霊を「天満自在天神《てんまんじざいてんじん》」として祀り上げることになったのである。没後、約五十年のことだ。これが現在の北野天満宮《きたのてんまんぐう》（京都市上京区《かみぎょうく》）のはじまりである。

その後、菅原道真の御霊は、鬼の姿をした雷神もしくはそのボスとして描かれてきた。また、さきの御霊会で祭られた御霊も、鬼気御霊《ききごりょう》と表現されることになる。なぜ、御霊が鬼なのか。

もともと、鬼は中国では死者全体をさす言葉であった。それが日本では奈良時代のころからは疫病神を鬼と表現し、さらには死者のうちでもとくに怨霊のことを鬼と称するように変わっていった。しかも、呪詛しつつ死んでいった者が、死後、鬼という形をとった怨霊として人間界に示現するだけにとどまらず、呪詛する者が、その怨念が深いがために生きながら鬼＝怨霊と化してしまうことさえある、とも考えられるようになったのだ。

## 恐怖すべきは人の心

そうした鬼の典型的な姿が、中世初期の『宇治拾遺物語《うじしゆういものがたり》』に描かれている。そこに登場する「身の色は紺青の色にて、髪は火のごとく赤く、首細く、胸骨はことにさし出て、いらめき、腹ふくれて、脛《すね》は細くありける」鬼は、自分の身の上をこう語ったという。

「私は、四、五百年くらいむかしには人でした。しかし、人に恨みを抱いたために、いまはこうして鬼の身になっております。恨むべき人を思いどおりに取り殺し、その子や孫や彦孫、夜叉孫《やしゃまご》など残りなく取り殺して、もうその子孫は一人も残っておりません。それでもまだ私の身からは恨みの念が消えず、その怨念をどこに吐き出してよいかわからず、悶々と苦しみ暮らしております」

こうした気の遠くなるような深い深い怨念つまり呪い心を、やわらげなごませ、そして神に祀《まつ》り上げようとしたわけである。

これが中世中期の『平家物語』にみえる宇治の橋《はし》姫の話になると、呪詛者が鬼に変じて恨みを晴らすという恐ろしい現場に私たちを案内してくれる。この伝説は、江戸時代に盛んに行なわれた「丑《うし》の時《とき》参り」の作法のもっとも古い姿を伝えるものとしても知られている。

それによると、嫉妬の念の深いある公家の娘が、呪いをかなえてくれるということで人気のあった京都・北山の貴船社《きぶね》に七日間籠《こも》って、「妬《ねた》しと思ひつる女、取り殺さん」と祈った。すると、「姿を改めて宇治川の川瀬で潔斎《けっさい》せよ」という貴船の神の示現があった。

女はたいへん喜び、さっそく長い髪を五つに分けて角《つの》に擬し、「顔には朱を差し、身には丹を塗り、鉄輪《かなわ》を戴《いただ》きて、三つの足に松を燃やし、松明《たいまつ》を拵《こしら》へて、両方に火をつけて、口にくはへつつ」、夜更けてのちの大和大路《やまとおおじ》を南へと走り去った。その姿はさながら鬼であったという。

この女もまた、生きながら鬼となって恨みを晴らそうとしたのである。この宇治の橋姫は明神に祀り上げられて鎮められたらしく、現在でも宇治橋にその社が残っていて、呪いを落としたり、呪いをかけたりするのに効果があるといわれている。

人びとは、こうした怨念を恐れた。怨念が呪いのパフォーマンスを生み出し、鬼と化して生者に災いをなすことを。逆の見方をすれば、人びとは病気にかかったときなどに、その原因は誰か生きている人の怨念によるものではないか、あるいは死んだ人の怨念ではないか、と疑ったということでもある。

要するに、恐怖すべきは人間の怨念、私たちがいうところの「呪い心」であり、極端ないい方をすれば、「呪いのパフォーマンス」のほうは、その怨念が外に噴出したことを他者に表示しているにすぎないのだ。それはいってみれば、敵意・戦意が充溢した挙句《あげく》の、敵に対する宣戦布告なのである。

## 人間社会は最初から呪われていた

まえにも述べたが、法は集団としての秩序維持のために、千差万別の感情をもつ人の行動を処するために生まれた。しかし、最初から、人は法と感情の乖離《かいり》に悩まされることになる。法は、人間の感情までも処することはできないからだ。いままでみてきたように、支配者がいくら呪いのパフォーマンスを摘発し、処断しても、発生を予防することも裁くこともできない人の呪い心は、次々と新たな呪詛事件を生み出していった。

はっきりいってしまえば、法を破ってでも、他人の恨みをかってでも、自分の感情（欲望）を満たそうとするのが人間なのである。自分の恋人に密かに思いを寄せる見ず知らずの者から恨みをかう人がいるいっぽうで、友人の恋人だと知ったうえで奪っていく者もいる。

極論すれば、人間の社会は社会が生まれた最初から呪われていたのだ。いくら個人的・主観的には「清く正しく」生きようとも、社会的生物として不特定の人間とさまざまな関係をもたなければ生きていけない人間の宿命が、呪い心の発生を不可避のものとしているといっていいだろう。

胸に手を当ててよく考えれば、あなたもこれまでに一度や二度は誰か憎らしい相手に「呪い心」をいだいたことがあるだろう。それが人間というものである。そうした呪い心をいだき、さらには実際に呪いのパフォーマンスを行なったとしても、それ自体をただちに不当で邪悪なことだとはいいきれないのである。

たしかに、たとえ自分に呪われてもしかたのない理由があったにせよ、呪われる側にとっては好ましいことではない。しかし、立場変わって呪う側にしてみれば、その呪いはけっして邪悪なものとはならないはずだ。正当な攻撃、つまり復讐《ふくしゅう》なのである。

たとえば、さきほどの宇治の橋姫のように、愛する男を別の女に寝取られたら、あなたならどうするだろうか。手に手を取って自分から逃げていった者たちを、殺したいほど憎むことさえあるのではなかろうか。そこに怨念＝呪い心が生じるのは当然のことなのである。

こう考えてくると、呪いは邪悪な行為だと一方的に決めつけてしまうことは、呪いの本質を見落としてしまう危険性があることに気づくはずである。邪悪か正当かの判断の背景には、どこかで私たちの立場からの価値判断がはいり込んでいるのである。逃げた側の「愛」の論理をとるか、それとも残された側の「憎しみ」の論理に立つか、ということである。

これは、これまでみてきた政治的呪詛事件でも同じことだ。もし、私たちが菅原道真を失脚させた側にくみするものであれば、道真が陰謀を恨んで怨霊となり、災厄をもたらしているとすれば、その祟りは邪悪な攻撃であり、防ごうと躍起になるはずである。逆に、道真の側に立てば、祟りは当然の報いであり、正当な制裁ということになる。

「赤信号、みんなで渡れば恐くない」――まさにこれである。自分の属する社会集団の大半の構成員が、自分たちの集団に敵対する者を呪おうと決めたり、あるいは暗黙の了解のもとで呪ったときは、その呪いは「正義」とされる。これに対して、呪われた側がこちらを呪い返したときには、「悪」の呪いとなるのである。つまり、共同体に認知されない呪いはつねに「悪」であり、禁止の対象とされたのだ。

だから、強力な権力者のもとでは、権力者の呪いは「正義」であり、彼に対する呪いは「悪」となる。複数の支配者・権力者が存在し、互いに支配と服従の関係がはっきりしない場合は、互いに自分たちの呪いを「正義」と考え、相手の呪いは「悪」とするのである。「鬼畜米英」は正義とされても、「リメンバー・パールハーバー」は、「悪」が唱える呪文だったのである。

## 「正義の呪い」とは

そうした「正義」の呪い儀礼のひとつである、「盗人送り《ぬすっと》」と呼ばれる儀礼を行なう村落がある。たとえば、新潟県《にいがた》東蒲原郡《ひがしかんばら》東川《ひがしかわ》村（現阿賀町《あがまち》）では、村でちょっとした盗みなどが発生したときに、「悪者送り」あるいは「盗人送り」が行なわれていた。やり方は、村人が総出で盗人を象徴する人形を作り、村じゅうを送り回したのちに村はずれとか盗みのあった現場に行って、法印《ほういん》（修験者）に呪詛の祈禱《きとう》をしてもらい、最後に村びとが次々にこの人形を竹槍で突きさいなんでほったらかしにする、というものである。犯人は不明でも、この呪詛の儀礼によって犯人の身の上に、目がつぶれたり、手足が不自由になるといった障害が生じる、といわれていたのだ。

このような呪詛は、社会集団にとっては明らかに「正義」の呪いである。儀礼を行なうことによって、つね日ごろから犯罪が生じないようにする防衛機能をもっているからである。そうだとすれば、こうした儀礼をもたない集団で、盗みの被害を受けた者が、祈禱師をやとって未発見の犯人を呪ったとしても、はたして邪悪な行為だと非難できるだろうか。

前章で紹介した高知県物部村に、次のような例がある。高知市内からやってきた人に呪いを依頼された、いざなぎ流の太夫《たゆう》から直接聞いた話である。それによると、依頼者が誰かに大金を盗まれた。だが、警察の調べでは犯人はあがらなかった。彼は犯人に対する復讐の念を消すことができず、呪いを引き受けてくれる者を探し回った末に、物部村にやってきたというのだ。太夫はいたく同情し、犯人に向けて呪いをかけてやったという。
こうした呪詛に対して、私たちは邪悪だと断定する論理を持ち合わせていないはずである。現刑法36条「正当防衛」の項目にさえ次のように記されている。

急迫不正の侵害に対して、自己又は他人の権利を防衛するため、やむを得ずにした行為は、罰しない。

要するに、私たちは個々の関係性や理由をまったく無視して、呪詛の「他人に危害を加えようとする意図」それ自体を云々するわけにはいかないのだ。
さらに、それは、国家が個人の殺人は「邪悪」だと判定するいっぽうで、自分たちが遂行する大量殺人つまり戦争に対しては、つねに「正義」だと主張しようとするのと同じことである。

## 文明開化は呪い鎮めとともに

呪いを恐れる日本人の心性は、近代にはいっても法という共同体の総意（敵意）としてあらわされていた。明治三年に作られた「新律綱領《しんりつ》」という法律に「凡《およ》ソ厭魅《えんみ》ヲ行ナヒ、符書《ふしょ》ヲ造リ、呪詛シテ人ヲ殺サント欲スル者ハ、各謀殺ヲ以テ諭《さと》ス」とあり、主犯は首斬り、加担者は絞首刑とされていた。

さらに、明治四十一年に施行された刑法（現刑法はこれを部分改正したもの）にも、次の条文に該当する者は拘留・科料に処すると定められていた。「妄《みだり》ニ吉凶禍福ヲ説キ、又ハ祈禱符呪《ふじゅ》等ヲ為シ、人ヲ惑ハシテ利ヲ図ル者」

近代日本という共同体そのものがそれが古代の王政への回帰（王政復古）ということもあって、呪いを認知し、それに対する恐れの集団的意識が法（禁止）へ具現化したわけである。

明治四十年代といえば、日本が西欧列強に肩を並べるために西洋近代科学をしゃにむに取り入れ、日露戦争にも勝利してのちのことである。しかし、驚くにはあたらない。そもそも、近代国家日本の文明開化そのものが、呪い鎮めによってはじまったともいえる。

慶応《けいおう》四年（一八六八）八月二十六日、即位直後の明治天皇の勅使が、香川《かがわ》県坂出《さかいで》市のある人物の御陵のまえで、大略、次のような宣命《せんみょう》を読み上げた。明治と改元される半月ほどまえのこの日は、祀られた御霊の命日にあたっていた。時あたかも、明治維新政府軍による奥羽《おうう》列藩同盟軍への攻撃が始まろうとしていた。

……尊霊を迎え奉り其御積憤を和《なご》め奉り賜《たま》わむと思おして……速かに多年の宸憂《しんゆう》を散《ちら》し御迎人《おむかえびと》と共に皇都に還坐《かえりまし》て天皇朝廷を常磐《ときわ》に堅磐《かきわ》に夜守日守《よのまもりひのまもり》に護り幸《さきわ》えて給《たま》い此頃皇軍に射向い奉る陸奥出羽《むつでわ》の賊徒をば速かに鎮定《しずめさだ》めて天下安穏《おだやか》に護助《まもりたすけ》賜えと恐《かしこ》み恐み申し賜わくと申す。

明治天皇は恐れていたのである。七百四年まえにこの世を去ったこの人物の怨霊を。いいかえれば、天皇家は七百年以上もこの怨霊に悩まされていたことにもなる。この霊が奥羽軍に味方して自分たちに敵対し、災厄をもたらすことを恐れたのだ。宣命の文章には、怨霊をなだめ鎮めようとする懇願の気持ちがよくあらわれている。この怨霊が、日本の「大魔王」崇徳《すとく》上皇の怨霊であった。

崇徳上皇は、元永《げんえい》二年(一一一九)、鳥羽《とば》天皇の第一皇子として生まれた。母は待賢門《たいけん》院璋子《たまこ》。彼はその出生からして呪われていた。彼は鳥羽天皇の祖父にあたる白河《しらかわ》法皇と母・璋子との密通によってこの世に生を受けたという。時に、白河法皇六十七歳(数え年)。『古事談《こじだん》』という説話集によると、これは父の鳥羽天皇も知っていて、崇徳のことを「叔父子《おじご》」と呼んでいたという。

五歳のとき、彼は即位して崇徳天皇となり、父は上皇となった。歴史上、院政期と呼ば

明治天皇が恐れた崇徳上皇の怨霊（「百人一首之内　崇徳院」歌川国芳作　神奈川県立歴史博物館所蔵）

れるこの時期、天皇にはほとんど実権はなく、天皇の位を子に譲った上皇（仏門にはいった場合は法皇）が権力を握っていた。しかし、鳥羽上皇の場合、父（堀河天皇）はすでに世を去っていたものの、密通で自分を虚仮《こけ》にした白河法皇が存命していた。鳥羽上皇はひたすら待ち続けた。祖父の死を。

大治四年（一一二九）、白河法皇が七十七歳で亡くなり、権力を手にした鳥羽上皇は、璋子と崇徳天皇をうとんじる態度をあらわにした。白河法皇に嫌われて政界から遠のいていた藤原忠実《ただざね》の娘・泰子《やすこ》を皇后に迎え、皇子の誕生を待ったのである。しかし、これは果たせず、ついで藤原長実《ながざね》の娘であった美《び》福《ふく》門院得子《なりこ》を入内《じゆだい》（受胎でもある）させ、待望の皇子・躰仁《なりひと》親王を得たのであった。

さらに、鳥羽上皇は崇徳天皇に譲位を迫り、本来ならば崇徳の皇子・重仁《しげひと》親王が帝位につくところを、わずか三歳のわが子を無理やり即位させてしまったのである。十七歳にして早世することになる近衛《このえ》天皇である。

以後十六年間、上皇となった崇徳は、鳥羽法皇のもとで隠忍自重《いんにんじちよう》の歳月を送る。彼の怨念がいや増していった。これが、武士階級が政治の表舞台へ登場するきっかけとなった、保元《ほうげん》の乱の遠因となったのだ。

## 動乱期に跋扈《ばっこ》する怨霊《おんりょう》

ところで、保元の乱にはもうひとつ、呪い心を生み出す「よくある話」が原因となっていた。当時の摂関家（摂政・関白に任ぜられる家柄）藤原忠実およびその次男で「悪左府《あくさふ》」と呼ばれて恐れられた頼長《よりなが》一派と、長男・忠通《ただみち》の、父子・兄弟の骨肉の争いである。

忠実は、鳥羽上皇が権力を手にすると同時に政界に復帰する。『古今著聞集《ここんちょもんじゅう》』という説話集によると、このとき忠実は天台宗《てんだい》の僧に「荼吉尼天《だきにてん》の法」という修法《ずほう》を修させ、「御望みふかかりける事」を成就させたと伝えられている。この「荼吉尼天の法」というのは、失意の底にいる人間がなんとか失地を回復したり、出世の道をつかもうとするときに、とびきり効果のある方法とされていた。

当時、長男の忠通がすでに関白の地位にあった。だが、次男の左大臣頼長を偏愛する忠実は、頼長に藤原家の将来を託し、忠通を氏の長者の位置から引きずりおろしただけではなく、関白の地位さえも奪おうとした。だが果たせず、出家する。

兄弟の対立は、近衛天皇の崩御によってカタストロフを迎える。病弱の近衛には皇子がなかった。あとを襲って帝位についたのは、のちに源頼朝《みなもとのよりとも》をして「日本一の大天狗」といわしめた後白河《ごしらかわ》天皇である。このことによって、失意のどん底に沈んでいった人物がいた。

ひとりは、いうまでもなく崇徳である。近衛天皇にもしものことがあれば、自分が帝位にカムバックするか、さもなくば子どもの重仁親王を、という期待が裏切られてしまったからである。

もうひとり、いやふたりの人物は藤原忠実と頼長父子である。ふたりは鳥羽上皇の信任を失い、まったく身に覚えのない罪によって失脚させられてしまったのである。頼長の日記『台記《たいき》』には、近衛天皇崩御からまもない久寿《きゅうじゅ》二年（一一五五）八月二十七日のこととして、次のようなことが書かれている。

友人が教えてくれたところによると、鳥羽上皇が父の忠実と私を恨んでいるという。先帝（近衛天皇）が崩御されたのち、口寄せ巫女《みこ》に先帝が乗り移り、「数年前、誰かが私を呪詛するために愛宕山《あたごやま》の天公《てんぐ》（天狗）の像の目に釘を打った。私はそのために死んだのだ」と語った。法皇が使者に検分させたところ、はたしてそのとおりであった。関白（忠通）と皇后・美福門院は、忠実父子の仕業だろうと申し上げた。これを信じた上皇が、ふたりを憎んでいるのだ、と。

ここで見逃してはならないのは、口寄せ巫女の託宣をかりて犯人を探し出し、それを排除してしまうメカニズムである。呪詛事件の陰には、必ずといっていいほどそうした宗教者が存在していたのである。

日記では、頼長は、自分は愛宕山の天狗が空を飛ぶことは知っていたが、天狗の像があることなどはついぞ知らなかったので、どうして天皇への呪詛ができようか、と弁明している。もっとも、日記とはいっても当時の貴族の日記は、読まれることを前提にして書かれているので、これによって頼長が呪詛していないということにはならないが、たとえ呪っていたとしても、やはり偽らざる心境であったにちがいない。陰陽道《おんみようどう》史研究の第一人者である歴史学者の村山修一《むらやましゆういち》氏は、頼長は陰陽道に傾倒していたので、京都・一条戻橋《いちじようもどりばし》あたりを拠点とする陰陽師たちを使って、実際に呪詛したのだろうと述べている（『日本陰陽史総説』）。

その後、忠実父子は鳥羽上皇の誤解を解くためにあらゆる手をつくした。しかし、それもむなしかった。翌年、上皇が崩御したのである。これを機に、崇徳上皇と頼長が結び、後白河天皇・忠通のグループと激突してしまう。それが保元の乱なのである。

勝負はあっさりついた。源義朝《よしとも》や平清盛《たいらのきよもり》が率いる武士団に攻めたてられた頼長は戦死、崇徳は讃岐遠流《さぬきおんる》という決着をみたのである。陰陽道に凝っていた頼長が、夜襲をかけてはどうかという源為義《ためよし》らの武士団の進言を入れなかったために、逆に夜襲を受けてしまったのだ。戦闘の際、天皇方が急襲した東三条《ひがしさんじよう》邸で、秘法を修していた平等院の僧が捕えられている。天皇方を呪い殺すための調伏の修法《ずほう》を行なっていたらしい。

『源平盛衰記』や『保元物語』の語るところによれば、讃岐に流された崇徳上皇は、三年ほどたったころ、大乗経《だいじょうきょう》の写経を高野山をはじめとする何カ所かに納めたいという願いを出した。しかし、後白河天皇に拒否され、くやしがった上皇は、「日本国の大魔縁《だいまえん》となり、皇《すめらぎ》を取って民となし、民を皇となさん」と、自分の舌先を食いちぎり、血潮によって大乗経に呪詛の誓文を記して、海底に沈めたという。

その後、上皇は「爪をも切らせず、髪も剃《そ》らず、やつれた姿で悪念の淵《ふち》に身を沈め、生きながら天狗の姿」となり、遠流《おんる》九年にしてこの世を去った。遺体は讃岐の白峰山《しらみねさん》に葬られた。明治天皇が御霊鎮めを行なった、香川県坂出市のあの地である。

ところが、崇徳上皇崩御ののち、京の巷《ちまた》には異変・事件が続出した。延暦寺衆徒《えんりやくじ》の蜂起、大内裏をも焼きつくす、都はじまって以来の大火、妖星（ハレー彗星《すいせい》）の出現、相次ぐ貴人の死……。これらの災厄が、例によって崇徳上皇の怨霊の祟りとされたのである。

上田秋成《うえだあきなり》の『雨月物語《うげつ》』には、崇徳上皇崩御の数年後に御陵を訪ねた僧・西行《さいぎょう》の前に怨霊があらわれ、「猶《なお》しん火（怒りの炎）さかんにして尽ざるままに、終《つい》に大魔王となりて、三百余類の巨魁《かみ》となる。朕《わ》がけんぞくのなすところ、人の福《さいわい》を見ては転《うつ》して禍《わざわい》とし、世の治まるを見ては乱を発さしむ……汝《なんじ》見よ、平氏も又久しからず」と語ったと書かれている。

朝廷は上皇に崇徳院の号を、頼長には正一位太政大臣を贈ったり、保元の乱の戦場となった場所に社を建てたりして、ふたりの怨霊を祀った。こうして、ふたりは御霊《ごりょう》となった。

それでも、祟りはやむことがなかった。その後も、後白河法皇の病いや平清盛の狂い死にをはじめとして、時代が混乱期を迎え、社会不安が現出するたびに崇徳院の祟りがささやかれ、それは明治天皇による崇徳院の御霊鎮めまで連綿と続いたのである。

## 社会を批判する死者の呪い

死者の呪い＝祟りは、呪われる側に対する批判あるいは反省を強いる呪いだといえる。これに対して、生者の呪いは、いうまでもなく呪われる側を失脚させたり、災いを及ぼしたりするという目的をもつ。

この両者の性格の違いによって、生者の呪いは否定的にみられてきたのに対し、死者の呪いはどちらかというと肯定的に、つまり為政者の悪政への批判としてとらえられてきた。菅原道真や崇徳上皇の怨霊が、たんに社会や自然の混乱・異変の原因としてではなく、人びとの世直し・御一新願望とドッキングして登場してくるのは、そのあらわれでもある。

私がこれまで研究してきたテーマに「異人殺し」伝承というものがある。これは村を訪れる六部《ろくぶ》（行脚僧《あんぎゃ》）や座頭や山伏といった宗教者の所持金を狙って、宿の提供者がこれを殺害する、という全国各地に広く分布している伝承である。こうした伝承は、御霊《ごりょう》信仰がたんに国家のレベルだけでなく、広く民衆のなかに浸透していたことを物語っている。たとえば、長野《ながの》県下伊那《しもいな》郡上《かみ》村（現飯田《いいだ》市）では、こう伝えられている。

この村の下栗《しもぐり》という集落のA家では、近くの屋敷跡に「若宮様」（新たに祀《まつ》った神）を祀っている。そこはかつてA家の総本家にあたる乙家の屋敷が建っていたところで、次のようなことがあったために、A家が若宮様を祀るようになったという。

A家の当主（明治四十五年生まれ）がまだ十歳くらいのころ、村でインフルエンザが大流行して、下栗で三十人以上もの人が亡くなった。A家でも父母をはじめとしてふたりの妹、祖父母が相次いで亡くなったので、当主はやむなく下栗のB家に嫁いでいた叔母のもとで育てられた。B家では不幸の連続を気にかけ、占いのできる山師に頼んで占ってもらったところ、次のようなことが判明した。

昔、乙家の地所で旅の六部が何者かに所持金目当てに殺され、近くの岩の下に埋められた。その六部の霊が、この事実を知らせるために、殺しをやった者の子孫ではなく、のちにその地所を買ったA家の人びとに祟ったというのだ。そこで、六部の怨霊を鎮めるために、屋敷跡に小さな社を建てて「若宮霊神」としたのである。

ところが、そのいっぽう、二十年ほどまえまでに、乙家の主人が道を尋ねた六部を殺して金を奪ったあとで、乙は病死し、家も絶えてしまった。五十年ほどたってこの村にインフルエンザが流行してたくさんの死者が出たとき、村びとはその原因を、六部の祟りと考えた、と伝えられていたという。

この伝承で注目すべきは、恨みを残して死んだ六部の怨霊の祟りが、インフルエンザや乙家の滅亡の原因として語られていることである。これは裏を返せば、この村でインフルエンザによる死者の続出や乙家の滅亡がなければ、六部の呪い（異人殺し）そのものも存在しなかったかもしれないのだ。

つまり、菅原道真の怨霊の発生が彼の死後に生じた天変地異を説明するものであったように、インフルエンザの発生が異人殺しという伝承を語り出させて、疫病発生の原因を説明させたのである。もちろん、この原因を明らかにしたのは、山師の占いであった。

しかも、この六部の呪いは、乙家（村の権力者的存在）に対する批判としての性格をもっている。悪いのは呪いをかける六部ではなく、呪われた側の乙家であり、村びとはそのとばっちりを受けてしまったのだ。つまり、この伝承は、菅原道真や崇徳上皇の祟りとまったく同質の構造をもつものだといえるのである。

## なぜ、人は「呪い」を恐れるのか

ここまで、呪いを恐れ、呪いに振り回され、呪いに身をまかせた人びとによってつき動かされてきた「歴史」を目《ま》のあたりにしてきた。このような例は、日本歴史においてほかにいくらでも探し出すことができる。

正直いうと、こうした「事実」の重みは、ともすれば私の「呪い」に立ち向かう気力を萎《な》えさせるものであった。私自身の心のなかに、呪いについてなにがしか言及することを躊躇《ちゅうちょ》させるなにかがあったのである。

それは、呪いに対する不安あるいは恐れといってもいいかもしれない。つまり、この本を書き続けるにあたって、私自身の心のなかにも、たとえばあなたが誰かから「おまえを呪ってやる！」といわれたときに感じるであろう、漠然たる恐れと同質のものがあったということである。

では、生者の呪いにしろ、死者の祟りにしろ、なぜ呪いは人を恐怖に駆り立てるのか。答えは、はっきりしている。まず、人は「呪ってやる」という言葉に相手の人間の怨念の深さをみて恐怖する。そして、いつか起こるかもしれない自分の不幸に恐怖し、さらに、実際に不幸が起こったときに、呪いの言葉を思い出して恐怖するのだ。

現代は個人が頼るべきアイデンティティーを喪失《そうしつ》した不安の時代だといわれる。そうしたなかで、私たちは病気になったり、受験に失敗したり、出世競争に負けたり、失業したり、株で大損したり、交通事故にあったり、結婚に失敗したり、肉親が早死にしたり……、といったさまざまな不幸を体験する。だが、これらのひとつやふたつを体験したところで、へこたれるわけではない。ただ、これらの不幸がいくつも重なって起きたとしたらどうだろう。なぜ、自分だけがこんなに不幸な目にあうのだろうか。ほかの人は幸福に暮らしているのに。いつまでこんな不幸が続くのだろうか……。このような疑問をいだくようになるのではないだろうか。

そうした不幸に対する説明を、現代のその道の「科学的」スペシャリストたちに求めたとする。だが、返ってくる答えは決まっている。たとえば、極端にいえば、医者は病気の原因を毒性をもつウイルスがなんらかの経路で身体にはいったからだと説明して、あとは薬をのんで摂生《せっせい》すればなおるだろう、なおらなければ薬の効果が及ばなかったのであり、現代の医学ではもう打つ手はありません、あきらめてください、というだけだ。

その他の不幸にしても同じことである。受験の失敗はあなたの能力がなかったか、勉強が足りなかったためだし、結婚の失敗は性格の不一致とか、相手に別の恋人ができたためだ、ということになるだろう。

すなわち、いくら現代のスペシャリストに不幸の原因を尋ねても、個々の不幸な出来事がどうして生じたのかというプロセスや、克服の方法を教えてはくれるが、ほんとうに知りたい、なぜ自分にばかり不幸が降りかかってきて、他人ではなかったのか、という根本的な疑問には答えてくれないのだ。しかし、私たちは、こうした不幸な状態が長く続いたとき、その一連の不幸のすべてに通底する根本の原因を知りたくなる。

そこで、人は不幸な人生、心の不安から逃れたい一心から、ワラにもすがる気持ちで駅前に並ぶ占い師や、名の知られた占い師のもとをたずねることになるかもしれない。現代にあっては、自分の人生がどうなっているのかを教えてくれるのは、占い師くらいしかいないのである。

だが、ここでも期待は裏切られることになる。いくら良心的な占い師といえども、「あなたの運勢がいつごろまでは悪く、いつからは良くなるだろう」としか教えてくれないのだ。不幸の原因を解き明かしてくれるわけではないのだ。

かくして、八方ふさがりとなったときに、人は宗教者を求める。自分の苦しみを共感をもって聞いてくれ、共に悲しみ苦しんでくれる宗教者、それ以上は探りえないというところまで原因を追究してくれる宗教者である。ただし、その答えの中心にあるのは、「信仰」の領域に属するものである。要するに、あなたがそれを信じるか信じないか、ということにかかわっているのだ。

いずれにしても、この「信仰」の世界へ踏み込んだとき、あなたの不幸の原因のひとつとして「呪い」が浮かび上がってくる。つまり、あなたの不幸は、先祖や神をちゃんと祀らない祟りだとか、他人の恨みをかって呪詛されているからだ、という説明が与えられるのだ。

「呪い」が、「科学的」解釈が及ばない空白の部分に説明を与える。逆のいい方をすれば、ここに人間が「呪い」を恐れるゆえんがあるといってもいいだろう。人間がかかえる不幸になることへの恐怖と、他人の悪意・怨念を恐れる心とが結びついたところに「呪い」があるのだ。

## 誰もが呪い、呪われる

人間という生き物は、生まれ落ちてから死に至るまで、程度の差こそあれ、他人の恨みをかわずに生きることができない悲しい宿命を背負っている。たとえば、美しく生まれついた女性は、それだけで恨みの対象になることさえある。記紀神話に登場する美女のコノハナサクヤヒメと醜女のイワナガヒメの姉妹の呪いの物語は、人間普遍のテーマなのである。

これは極端な例だとしても、もしあなたがサラリーマンだったら、出世競争を考えてみればすぐわかることだ。たとえ、あなたが人格が円満で誰にでも好かれ、それゆえに課長や部長に昇進したとしても、恨みをかうことがある。なぜなら、昇進できなかった多数の人間がいるからである。自他ともに昇進まちがいないとされていた人が、夢破れたとき、たとえ昇進した人物が自分よりはるかに優秀だとわかっていても、残念がり、くやしがるのは当然である。

こうして、出世していく者には敗れた者、脱落した者の怨念がつきまとい、それは出世の階段を登るにつれて増大していくのである。その最たるものは、いうまでもなく社長である。窓際に追いやられたり、正当に評価されていない（と思っている）人からすれば、その恨みの念が最終的に行き着く先は社長なのである。歴史上の呪詛事件で、冷遇された貴族たちが最終的には天皇を呪った事実は、いままでみてきたとおりである。

最近、よく大企業のトップが、社長就任後に宗教に帰依《きえ》したり、本社ビルの屋上に神社を勧請《かんじょう》したりすることがある。これも、かつての政治的支配者が、葬り去った者たちの怨霊を祀ったり、自分のまわりに呪術的ボディガードを置いた心性と、どこかでつながっているはずである。

これまでの話でもうおわかりのことと思うが、「呪う」―「呪われる」という関係は、コインの表と裏のようなものである。人間である以上、誰もが呪われる立場にあり、怨念＝呪い心に説明が与えられたときには呪う側にもなりうるということである。その意味で、人間というのは、社会を作り出したまさにそのときから、悲しい、恐ろしい宿命に呪われているといってもいいかもしれない。

人間は、法や道徳や倫理などを作り出し、あるいは「愛」などというイデオロギーまで動員して、恐ろしい「呪い心」の発現をなんとか抑えようとしてきた。しかし、それがすべての人びとを満足させるものとはなっておらず、またなるはずもないのである。どうやら私たちは、いったんは否定し、覆い隠してきた恐ろしいものの存在を、みつめ直す時期にさしかかっているのかもしれない。

# 3章　どのように呪うのか

## 言霊《ことだま》信仰——言葉を発すれば、それが「呪《のろ》い」となる

日本の呪詛《じゅそ》の歴史を眺め渡してみると、そのテクノロジーにもさまざまな潮流の盛衰をみることができる。

そのなかで、今日まで影響を残している呪いのテクノロジーは、大きく分けると、①奈良時代に活躍した呪禁道《じゅごんどう》、②平安時代にピークを迎えた陰陽道《おんみょうどう》、③平安時代初期に日本に招来されて、古代末期から中世に絶大な勢力を誇った密教およびそのバリエーションともいえる修験道《しゅげんどう》、の三つにまとめることができる。

「丑の時参り」をはじめとする民衆に流布した呪いのテクノロジーも、この三つの呪いのテクノロジーの影響を受けて発達した。

この三つのテクノロジーは、いずれも中国から伝来したさまざまな宗教的知識・技術をもとにして作り出されたものだが、それ以前、『古事記』や『日本書紀』に描かれた神々の時代においても呪いのテクノロジーは存在していた。

ひとことでいうと、神々の用いた呪詛《じゅそ》法は、私たちの知っているそれとはかなり違っていた。素朴ともいえる、言葉に霊が宿っているという言霊《ことだま》信仰がとりわけ盛んだった。たんに呪文《じゅもん》や呪いをこめた言葉を発するだけで呪詛が発動したらしいのだ。「おまえを呪っ

てやる！」といえば、もうそれが呪詛なのである。呪いの言葉を発することによって神秘的パワーが発動し、呪われた人物は災厄に苦しむことになる。

たとえば、日本の国を生んだというイザナキとイザナミの夫婦神による呪詛のかけあいがある。火神イカズチを産んだイザナミは、わが子の炎で陰部を焼かれて死んでしまう。黄泉国《よみのくに》に愛する妻を求めて出かけたイザナキは、私の姿を見ないでほしい、というタブーを課せられていたにもかかわらず、火をともして、腐敗しウジがたかっている妻の姿を見てしまうのだ。そして、仰天してその場から逃げ出す。

恥をかかされて怒り狂ったイザナミは、夫のあとを追いかけ、この世とあの世の境である黄泉平坂《よもつひらさか》で対決して、イザナキに向かって「おまえの治めている国の人びとを一日に千人呪い殺してやる」と呪詛の言葉を吐いた。すると、イザナキは「それならば、私は一日に人を千五百人産んでやる」と対抗した。

つまり、人が死ぬのはこのイザナミの呪詛《じゅそ》のためだというのである。しかし、死者よりも生者のほうが多く、人びとが繁栄するのは、イザナミの言霊による呪詛に対抗したイザナキの呪術のせいなのだ、というわけである。

こうした言霊による呪詛は、今日まったく途絶えてしまったというわけではない。宗教者たちが唱《とな》える呪文にはそうしたパワーが託されているし、私たちが日ごろなにげなく使っている言葉にも、そうしたパワーを感じ取ることさえある。たとえば、私たちは受験生のまえで、「落ちる」とか「すべる」という言葉を極力使わないようにする。また、病人のまえでは「死ぬ」、結婚式では「切る」という言葉がタブーとなる。「落ちる」とか「死ぬ」、「切る」などという言葉を発したために、その言葉のパワーが受験生や病人に影響を及ぼして、言葉が現実のものになってしまうことを恐れているからである。

したがって、たとえあなたが冗談やたとえ話のつもりで、誰かに「もし君が明日死んだら……」などといったあと、その人が偶然、交通事故かなんかで死んだとしたら、たいへん寝覚めの悪い思いをするはずである。「まさか」とは思いつつも、「ひょっとしたら」と思う気持ちも捨てきれないのではないだろうか。

言霊は衰退したとはいえ、まだ私たち現代人の生活のなかに生きているのである。

## 「とこう」——記紀神話のなかの呪い

呪いに関する記述は、早くも日本の最初の文字記録である『古事記』や『日本書紀』のなかにも見出される。この時代は、「呪う」ことを「とこう」(詛う)、「呪いの道具」を「とこいと」(詛戸)と称していた。

すでに述べたイザナキ・イザナミの事例の他にも、天から降ってきたニニギノミコトが、美しい妹のコノハナサクヤヒメを妻とし、醜い姉のイワナガヒメを嫌ったことを、嘆き悲しんだイワナガヒメが、「もしあの方が私を妻に迎えたならば、私の生まれてくる子に岩のような長寿を与えたのに、妹を妻にしてしまった。ならば、妹が産む子には木の花が移り落ちていくのと同じような命を与えてやろう」と呪ったという、人間の命のはかなさの原因はここにあったと物語る話などいくつかあげることができる。

しかし、もっとも典型的な呪詛話は、『古事記』のなかにみられる、アキヤマノシタビオトコ（秋山之下氷壮夫）とハルヤマノカスミオトコ（春山之霞壮夫）の兄弟の物語であろう。

伊豆志の八前の大神の娘に、イズシオトメ（伊豆志袁登売）という神がいた。多くの神が彼女に懸想したが、誰にもなびかなかった。シタビオトコもふられた一人であった。彼は弟に、「もしお前があの娘を妻に迎えることができたら、たくさんの酒や山海の品々をやろう」と約束した。カスミオトコは、母の援助をえて、イズシオトメを妻にすることができた。ところが、これを妬んだシタビオトコは、約束をいっこうに果たそうとしなかった。これを聞いた母は激怒し、シタビオトコに呪いをかけて反省させることにした。

その呪詛の様子は、次のようなものであった。

母はシタビオトコを象徴するもの、つまり石と塩を混ぜ合わせて竹の葉に包んで作ったものを「とこいと」とし、それを荒目の籠に入れ、「この竹の葉の青むがごとく、この竹の葉の萎びるがごとく、青み萎えよ。また、この塩のごとく盈《み》ち乾《ふ》るがごとく、盈ち乾よ。また、この石の沈むがごとく、沈み肥《こや》せ」と呪詛の言葉を唱え、この「とこいと」と同じ運命に兄がなるようにしようとしたのであった。そして、その呪いの結果、兄は八年ものあいだ病気に苦しみ、ついに母に許しを乞い、母がそれを聞いて呪いを解いてやると、彼の身体はもとの状態に戻ったのであった。

「のろう」が「とこう」の変化した語なのか、「とこう」から「のろう」にいつ頃から変わったのかは、定かではない。また、ここで見られるような呪詛法がどのくらいの歴史をもつのかもわからない。ただ、古い時代には、こうした呪詛法が伝えられていたことは、呪詛の歴史を考えるときには、記憶しておくべきだろう。

そして、こうした土着の呪詛法を駆逐するような高度な呪詛法が、やがて登場してきたわけである。

## 呪禁道《じゅごんどう》――呪的バリアで身囲い・身固めする

こうした素朴ともいえる呪詛法に対して、先にあげた中国や朝鮮半島を経由して日本にもたらされた三つの呪詛法は、現代でいえば、さながら最先端の科学、まさにニュー・テクノロジーともいえるものであった。まず「呪禁道《じゅごんどう》」である。

呪禁道のスペシャリストのことを、呪禁師《じゅごんじ》という。この呪禁師の名まえが文献のなかに最初に姿を見せるのは敏達《びだつ》天皇六年（五七七）のことで、この年、朝鮮の百済《くだら》王が僧尼や仏師や寺大工らとともに、呪禁師を朝廷に献上したという。

当時の政府は朝鮮半島や中国からの文化導入にきわめて熱心であった。輸入文化によって国家体制を支えようとしたのだ。新しい知識・技術こそが「力」であり、その一環として呪禁道があった。

呪禁道は、ひとことでいえば、呪術的医療の知識・技術の体系ということになる。当時、呪禁師たちは「典薬寮《てんやくりょう》」と呼ばれた政府の医療機関に属していた。ところが、この呪禁道、実態はといえば、現代でいうオカルト学、超能力をいかに獲得するかということに深く関係した知識・技術だった。もちろん、それによって病気をなおすこともできるのだが、「悪用」すれば呪いにもなりえた。

残念なことに、呪禁道についてはあまりくわしいことは伝わっていないが、「大宝《たいほう》・養《よう》老《ろう》律令」には、呪禁師の仕事を次のように記している。

持禁《じごん》とは、杖刀《じょうとう》を以って呪文《じゅもん》を読み、法を作して気を禁ずるをいふ。猛獣、虎狼、毒虫、精魅《せいみ》、賊盗、五兵に侵害せられず。又、呪禁を以って身を固め、湯火、刀刃に傷つけられず、故に持禁といふなり。

これは、呪術的な防御・護身の方法である。「禁ずる」というのは、呪的バリアを張りめぐらすことを意味している。このバリアがあれば、猛獣や悪霊も侵入してこないし、盗賊や敵兵が襲ってきても安全だというわけである。身囲い・身固めの術なのである。それだけではない。呪禁道の呪術を心得ていれば、刀で切りつけられても、熱湯や火をかけられても、身体は少しも傷つかないという。これを修得すれば、まさに無敵というわけである。

権力者にとって、こうした呪術が敵に利用されたらたまったものではない。というわけで、前章でみたように、時の政府は再三にわたって民衆に広まっていた呪術を禁止した。権力による技術の管理である。

## 蠱毒《こどく》——動物の魂魄《こんぱく》を操り、人を死に至らしめる

「敵を知り己《おの》れを知れば百戦危うからず」という言葉がある。じつは呪禁道のなかには、災厄《さいやく》がどのように発生するのかという知識のほかに、災厄を作り出す知識もあり、そのひとつに呪詛が含まれていた。これが恐怖の対象となったのである。

呪禁師がとくに恐れ、呪的防御につとめた災厄のひとつに「蠱毒《こどく》」と呼ばれるものがあった。「蠱」という漢字は、現在では「蠱惑《こわく》」（人の心を乱しまどわすこと）ぐらいにしか使われないものだが、これは爬虫《はちゅう》類や昆虫などの小動物の魂魄《こんぱく》を操作して、呪うべき相手に病気や死に至る災厄を生じさせる呪術のことである。律令《りつりょう》の解説書である『名例律《みょうれい》』によれば、謀反や不義などと並ぶ「八虐《はちぎゃく》」の重罪とされ、次のように定義されていた。

蠱《こ》に多種ありて、備《つぶ》さに知るべからざる。あるいは諸蠱を集め合せて、之《これ》を一器の内に置き、久しく相食《は》ませ、諸蠱皆悉《ことごと》く尽き、若《も》し蛇あれば蛇蠱《じゃこ》と為すの類なり。

蛇、犬、狐、蜥蜴《とかげ》、蝦蟆《がま》、蟷螂《かまきり》、蜈蚣《むかで》、蝗《いなご》などの動物を何十匹もひとつの容器に閉じ込めて共食いをさせ、最後まで生き残ったものを呪術に用いる。生き残ったものの生命力と、殺されていったものの恨みの念を呪術的パワーに用いようというわけである。この先の具体的な呪法はよくわかっていないが、中国の明《みん》の時代に著《あら》わされた有名な『本草綱目《ほんぞうこうもく》』には、生き残った動物を殺し、干して焼いた灰を呪うべき相手に飲ませる、と記してある。1章で用いる動物によって、蛇ならば蛇蠱《じゃこ》、犬は犬蠱《けんこ》、狐は狐蠱《ここ》などと呼ばれていた。紹介する物部《ものべ》村に伝わる犬神の製法も、これと同質のものである。

また、こうした蠱《こ》のたぐいは親から子へ、あるいは師から弟子へと伝えられ、蓄えられる性格をもつとされ、それゆえに、蠱毒を造り蓄えただけで、本人はもとより家族も遠流《おんる》、誰かから呪法を教わっただけでも絞首刑とされた。

沢田瑞穂《さわだみずほ》氏の『中国の呪法』によると、中国の蠱毒は「これによって人を害し死に至らしめるほか、呪《じゅ》する側の家（放蠱《ほうこ》の家）は財富を蓄えることができる」蓄財の邪法でもあったという。そのひとつに「猫鬼《びょうき》」と呼ばれるものがある。中国の清《しん》の末ごろに著わされた『鉄笛亭瑣記』という書物によると、その製法は以下のようである。

まず猫一匹を飼い慣らし、近隣の家で一歳ぐらいで早死にした子どもが埋葬されたという話があったときに、夜半ひそかに猫を抱いて墓に行く。死骸を掘り起こし、禹歩《うほ》（道教のスペシャリストである道士《どうし》が行なう歩行呪法）して呪文を念じ、猫の首と死体の首を斬り落とし、子どもの首を猫の腹のなかに納めてこれを呪する。

すると、たちどころに猫が生き返り、猫身にして人首の猫鬼となるというのだ。この猫鬼は、夜になると人家に忍び入り、財貨を盗み出してくるという。ただ、犬が大の苦手であったとされている。
　このような中国産の「蠱毒」の知識は、たび重なる禁令にもかかわらず、次第に貴族や民間にも広まっていった。本来の呪禁師たちは、この蠱毒を見抜き防ぐための呪医だったのである。

## 厭魅《えんみ》――人形を責め、人を死に至らしめる

「蠱毒」とともに中国から輸入された呪詛法の知識のひとつに「厭魅《えんみ》」と呼ばれるものがあった。のちに日本の津々浦々まで浸透した呪いのワラ人形の起源をなす、いわゆる「丑《うし》の時参《ときまい》り」もこの流れをくむ呪詛法である。『名例律』では、厭魅について次のように説明している。

　邪俗陰《ひそ》かに不軌《ふき》（邪術）を行ふ。あるいは人形を作り、心を刺し眼を釘打ち、手を繫《つな》ぎ足を縛りて、前人をして疾に苦しめ、死に及ばしめんと欲するものなり。

　つまり、呪《のろ》うべき相手に見立てた人形を作り、その人形の人体でいう急所の部分（頭、顔、胸、陰部など）をさまざまな方法で責めることによって、見立てられた者も同じよう

に苦しむと考えた邪術なのである。

橘奈良麻呂《たちばなのならまろ》が使ったという「憎の人形を描いた的を立て、その黒眼を射る術」や、聖《しよう》武《む》天皇の皇女・不破《ふわ》内親王のグループが行なったとされる、どくろに称徳《しようとく》天皇の髪の毛を植えつけたものを呪詛に用いたのも、この厭魅のカテゴリーに属している。人体の実際の一部分は、厭魅の最高の道具のひとつなのであった。

もちろん、呪うべき人の身につけていた物や写真などでもいいのである。要するに、この呪詛法は、私たちが妻や恋人や子どもの写真、あるいは髪の毛や身につけていたものを、本人だと思って大事にする気持ちが裏返しになって発現したものなのだ。

## 呪術は技術なり——支配者を魅了するニュー・テクノロジー

呪禁師は律令国家を成立させるために必要とされた新しい知識の担い手の一角を占めていた。彼らは当時の知識人であった。

現代において、分子生物学がウイルスと病気の関係を解明したように、あるいはまた、素粒子論が宇宙の成り立ちを説明するように、彼らは蠱毒や厭魅をはじめとする災厄の因果関係を、さらには宇宙の仕組みを解き明かす、それまでにはなかった新しい説明の体系をもっていたのである。天皇や貴族たちは、そこに魅了されたのである。

日本の「外部」から新しい知識を導入し、その「力」によって権力を確立する——これは、権力者の常套《じょうとう》手段である。律令政府の中国文化をはじめとして、織田信長《おだのぶなが》の南蛮文化しかり、明治政府の西洋文明もまたしかりである。戦後はアメリカン・パワーがそうであった。権力者にとって、新しい説明体系によってそれまでの説明体系以上のことが明らかにされることは、なによりの「力」となる。「知」は「力」なりである。

いずれにしても、この説明体系は新しいものが古いものより優れている必要はない。「新しいこと」それ自体が、すでに「力」なのだといっていいだろう。とくに、新しい権力が確立されたときには、とりわけこの「新しさ」を強調する文化が必要とされる。これは、さきほど述べたとおりである。

また、新しい強力な武器・兵器を導入すれば、それに劣る武器しか持たない勢力に勝つことができる。身を守ることができる。しかし、もしその武器が敵の手に渡れば、それ以上の新しい武器あるいは敵より多い数の武器を用意しなければならなくなる。

かくして、人類は宇宙にまで軍備増強競争を展開して現在に至っているわけだが、呪術であり、武術にもつながる呪禁道の輸入・浸透も、こうした動きにつらなるものなのである。

ところが、この呪禁師は、奈良時代の末期にこつ然と律令政府の記録から姿を消してしまう。その理由は定かではないが、呪禁道が天皇や貴族たちを苦しめていた呪いに深くかかわっていることがわかり、弾圧されたものと思われる。

おそらく、発覚した呪詛事件に典薬寮に属する呪禁師たちが関係していたのだろう。呪いから身を守ってくれるべき役目を負っている呪禁師たちが、こともあろうに政府の要人を呪詛する側に加担していることがわかり、関係した呪禁師を処罰しただけではなく、呪禁部門そのものを廃止してしまったのだ。

これは私のまったくの推測だが、当時、看病禅師《かんびょうぜんじ》つまり呪的主治医として称徳天皇に近づき、その寵愛《ちょうあい》をえて政治をほしいままにした道鏡《どうきょう》や、そのもとにあって右大臣に昇進した、陰陽道を支持する吉備真備《きびのまきび》たちが、呪禁師たちを追放してしまったのではなかろうか。

もともと、この陰陽道は、呪禁道とほぼ同じころに日本に伝えられたもので、そのスペシャリストたる陰陽師《おんみょうじ》は、中国の陰陽五行説に基づいて天体を観測し、時刻をはかったり、暦を作製したり、吉凶を占《うらな》ったりすることが主たる役目であった。今日でいえば、天文台や気象庁のような仕事をしていたわけである。

したがって、それほど呪術的な知識とはいえなかった。しかも、奈良時代も末期になると、それなりに日本に定着したものの、「古い」知識になりつつあった。

ところが、真備は唐に留学すること十九年、算術・陰陽・暦道・音楽・兵法・築城などの学問を数多く学んで帰朝し、政府の役人として出世していった。つまり、真備が招来した「新しい」知識の重要な部分を陰陽道に関するものが占めており、それゆえ陰陽道は飛躍的に改革される機会に恵まれたわけである。

真備は、当然のごとく陰陽道に肩入れした。そのいっぽう、呪詛封じのスペシャリストとして勢力を誇示していた呪禁道に対しては冷ややかであった。真備が家訓として書いた『私教類聚《しきょうるいじゅう》』という書物には、呪禁道をはっきり「詐道《さどう》」として糾弾し、病死は天理がもたらすものであり、巫者《ふしゃ》たち自身が早死にしたり貧しかったりしているのに、どうして他人を幸せにできようかと、きわめて合理的な見解を述べている。

この書物が書かれたのが、最後に呪禁師の名が記されてから三年後のことなのだ。もうおわかりだろう。真備は呪禁道を弾圧し、陰陽道の勢力拡大をはかろうとしていたのである。

## 陰陽道《おんみょうどう》——「式神《しきがみ》」を操り、人を呪殺する

「新しい」知識・技術として装いをあらためた「陰陽道」は、呪禁道のテクノロジーを吸

収しつつ、天皇や貴族たちの呪的ボディガードの地位を獲得していった。

それでは、陰陽道はどのような呪いのテクノロジーを身につけるに至ったのか。陰陽道の呪詛法――それは陰陽師が操る鬼神《きしん》すなわち「式神《しきがみ》」を用いるものであった。式神を呪うべき相手に送りつけ、取り殺してしまおうというのだ。

もともと式神というのは、陰陽師が用いる式盤《ちょくばん》占い（ルーレット式の占い）の守護神である十二月将（十二神将）に由来するものであったが、それがやがて陰陽師に駆使される使役神とみなされるようになったものである。陰陽師はこの式神を駆使するとき、式神をかたどった人形（式人形）を作り、これを人間や鬼神だけではなく、さまざまな動物の姿にも変身させた。そこには、明らかに呪禁道の「蠱毒」の影響をみることができる。

『宇治拾遺物語《うじしゅういものがたり》』にこんな話がある。陰陽道史上最大の陰陽師とされている安倍晴明《あべのせいめい》にまつわるものである。藤原道長《みちなが》は法成寺《ほうじょうじ》建立の折り、毎日現場視察に出かけていた。ある日、寺の門をはいろうとすると、愛犬がしきりに吠えて、道長が門にはいれないようにした。不審に思って晴明を呼んで占わせると、「殿を呪詛した者がおり、厭物《まじもの》（呪詛の仕掛け）が道に埋められていて、それを踏み越えると呪詛がかかるようになっている」と占った。そこで晴明が指すところを掘ると、土器をふたつ打ち合わせたものがあり、そのなかに十文字にからげた黄色の紙ひねりがはいっていた。紙を開いてみたがなにもなく、ただ土器の底に一文字（おそらく「呪」とか「詛」あるいは「怨」という字であろう）が朱砂で書かれてあるだけであった。

晴明は「この呪術を知るものは、私を除けば弟子の道摩《どうま》法師しかいない」といって、懐《ふところ》から紙を取り出し、鳥の姿に引き結んで呪文を唱え、紙の鳥を空へ投げ上げた。すると、それが白鷺《しらさぎ》に変じて飛んでいき、あとを追わせると、一軒の古びた家に落ちた。その家の主である老法師を捕えると、晴明の推察どおり道摩法師で、道長のライバル藤原顕光《あきみつ》の依頼で道長を呪詛したことが判明したという。

晴明が飛ばした紙の鳥は、もちろん式神である。では、土器のなかにあった紙ひねりはなんだったのか。これまた式神であったらしい。というのは、『続古事談《ぞくこじだん》』という説話集で、人を呪詛するために埋めた仕掛けを、「陰陽識神《いんようしきがみ》」と称しているからである。道摩法師は、呪いをかけるために式神を地中に伏せておいたのである。

こうした式神を用いる陰陽師の呪いのテクノロジーは、陰陽道のなかでも「秘中の秘」＝「道の大事《だいじ》」とされていた。『今昔物語《こんじやく》』にはこう記されている。晴明が京都・広沢《ひろさわ》のある寺を訪れたとき、そこの若い僧たちから、式神を使えば人を殺せるそうだが、と尋ねられた。

すると、晴明は「道の大事をなんとあからさまに尋ねることか。そう簡単に人を殺すことはできないが、少し真剣になって力を入れて祈れば、必ず殺すことができる。しかし無益な殺生はできない」と答えたという。

このあと晴明は、僧たちのたっての希望で、蛙《かえる》を式神によって呪殺してみせる。草の葉をつかみ切って呪文を唱え、その草を蛙に投げかけると、蛙は即座に死んでしまったのだ。草に式神が乗り移っていたのだろう。

このように式神を駆使することを、古代・中世の陰陽師たちは「式を打つ」と表現していた。この表現は、そのまま現代のいざなぎ流に伝えられており、式神は「式王子《しきおうじ》」と呼び変えられているものの、式王子を操作する法術はいずれも「式法」であり、その式法の行使は「式を打つ」と呼んでいる。

それがいざなぎ流の太夫《たゆう》だけでなく、一般の人びとのあいだにも広く定着しているところが、物部《ものべ》村の不思議さであり、興味深いところでもある。要するに、それだけ陰陽道が深くいざなぎ流にはいり込んでおり、太夫を介して村びとのなかにも浸透していたということなのである。

## 密教の中核にある呪い信仰＝調伏《ちょうぶく》法

呪禁道の呪いのテクノロジーをも取り込んだ陰陽道が、平安初期のさまざまな社会不安を背景に勢力を伸ばしていたころ、呪詛のテクノロジーにも変革のヌーベルバーグが押し寄せていた。ご存じ、最澄《さいちょう》と空海《くうかい》によって中国からもたらされた「密教」である。

もっとも、密教は奈良朝においても、「隠れ陰陽師」たる吉備真備と並ぶ政界の黒幕・僧玄昉《げんぼう》らによってもたらされていたが、現在知られるような体系的なものではなかった。

とはいえ、「新しさ」＝「力」を求める天皇や貴族に大いにもてはやされ、天皇の寵愛を受けた玄昉や道鏡が、「孔雀王咒経《くじやくおうじゆきよう》」「宿曜《すくよう》秘法」などと称される呪法を背景に権力をふるったことはよく知られている。

しかし、当時はまだ僧の呪験《じゆけん》こそ第一であるとは考えられていなかった。鎮護国家の主流は、僧が大勢集まって経典を誦《しよう》することを主体とする「法会《ほうえ》」であった。天変地異があったときも、東国で反乱が起きたときも、「金光明王経《こんこうみようおうきよう》」「大般若経《だいはんにやきよう》」など、定められた経典を誦するだけだったのである。

ところが、最澄と空海、それに続く円珍《えんちん》や円仁《えんにん》たちによって輸入された新しい知識としての密教は、これとはまったくといっていいほど違っていた。僧が修行を積んで獲得した呪力によって、雨を降らせたり、病気をなおすために疫病神を追放したり、遠い地方の外敵をも退散・平定させたりする具体的な効果が積極的に説かれ、さらには目的に応じた儀礼が整えられていたのだ。

最澄と空海は、天皇の病気平癒《へいゆ》の「修法《ずほう》」、つまり密教の祈禱《きとう》を携えて天皇に近づいていった。そして、最澄は比叡山《ひえいざん》を中心とする「天台宗《てんだいしゅう》」（台密《たいみつ》）として、空海は東寺《とうじ》や山岳道場たる高野山《こうやさん》を中心に、「真言宗《しんごんしゅう》」（東密《とうみつ》）として強大な勢力を形成するのである。

その後、すべての仏教は宗派の別なく密教を取り入れ、密教を共通項として結ばれる「顕密体制」が確立され、院政期、つまり源平の動乱を経て古代から中世へと時代が変貌《へんぼう》を遂げるころには、呪いの修法《ずほう》の面でも確固たる地位を築き上げることになるのである。

ここで私たちが注目したいのは、このように急速に勢力を伸ばしていった密教の中核に、呪《のろ》い信仰が含まれていたということである。密教用語で「調伏法《ちょうぶくほう》」「降伏法《ごうぶくほう》」などと呼ばれるものがそれである。簡単にいえば、呪術によって敵や悪霊の類いを追放したり、殺したりする法術のことである。

さきほどみた陰陽道の呪いが、天皇や貴族の私的領域に関与する形で勢力を伸ばしたのに対し、密教の呪いはどちらかというと国家の守護、つまり護国の修法《ずほう》としての性格を強調した。

たとえば、当時、仮想敵国とされた朝鮮・新羅《しらぎ》の敵国降伏や海賊の調伏、平将門《たいらのまさかど》などの反乱を鎮めるための調伏、といった修法を行なって天皇や貴族の信仰を獲得し、次第に彼らの私的領域へとはいり込んでいったのである。空海の場合、国家のために壇を建て法を修することと五十一度に及んだといわれている。それが、動乱の院政期に至ってピークに達したのである。

## 密教調伏法——不動《ふどう》明王を操り、呪殺する

陰陽師は、天皇や貴族に招かれて病気やその他の災厄の原因を尋ねられたとき、筮占《ぜいせん》や式盤《ちよくばん》占いによって占っていた。これに対して、密教側は、古くからのシャーマニズムを摂取して、子どもや女性を霊媒（依坐《よりまし》という）にして、そこに神々や生霊や死霊を乗り移らせることによって、それらの霊と直接会話をする、つまり託宣《たくせん》をえるというニュー・テクノロジーを開発した。

さらに、宮廷貴族の歴史、とくに藤原道長の栄華を中心に描いた『栄華物語《えいがものがたり》』で、「神の怪《け》は陰陽師、物の怪は験者《けんじや》（密教系の修験《しゆげん》者）」の仕事と述べられていることからも推測できるように、密教は、平安時代に大流行した死者の怨霊を祀る御霊《ごりよう》信仰の陰の立役者ともいえるのである。

それればかりか、仏教の鬼にあたる夜叉《やしや》（人の肉を食らい、精気を吸い取る悪鬼神が善鬼神に転向したもの）や天狗のたぐいの信仰まで説いて、陰陽道が先がけて流布させた鬼信仰の習合化・吸収さえはかったのである。

このように、陰陽道にくらべてスケールが大きく、奥行きの深い知識をもつ密教には、気が遠くなるほど多くの修法《ずほう》が伝えられている。

たとえば、天上の神に捧げる供物を焚《た》く壇の作り方ひとつとってみても、身の健康を守るための「息災法《そくさいほう》」では円形の護摩壇《ごまだん》（水輪壇《すいりんだん》）を設け、富を増やす「増益法《ぞうえきほう》」は正方形の壇（地輪壇）、夫婦和合、恋愛成就の「敬愛法《けいあいほう》」では八角蓮華形の壇、そして人を呪うための「調伏法」は赤黒色の三角の壇（火輪壇《かりんだん》）を設ける、というように、目的別に体系化されているのである。

これは、調伏の修法《ずほう》に用いられることの多かった明王《みょうおう》の類いにおいても例外ではない。主に使われるものだけでも、「五大尊」あるいは「五大明王」と呼ばれる不動明王、大威徳《だいいとく》明王、降三世《ごうざんぜ》明王、軍荼利《ぐんだり》明王、金剛《こんごう》夜叉明王の五種類があって、調伏の目的と期待する効果によって使いわけるのである。さらに、これらの明王は調伏専門に用いられただけではなく、さきほどの息災法や敬愛法にも使われたのである。「五大尊」のパワーによって悪霊を降伏させれば、病気はなおるし、夫婦和合にもなると考えられていたからだ。

## 「呪い」のスペシャリスト・空海

では、こうした調伏のための五大尊の法はどのように行なわれたのか。身分が低く財力のない貴族の依頼や、強力な呪的ボディガードをかかえもっていない敵を呪う簡単な調伏では、修法《ずほう》を行なう僧が、五大尊のなかから強いパワーをもつと考えられる明王をひとつ選び、その神像や掛軸の前に護摩壇を設けて、経文や真言を唱えながら呪いがかかるように祈念するという方法がとられた。

こうすると、もし不動明王を使ったときには、不動明王が祈禱僧の願いを聞き入れ、敵のもとに赴いて手にした剣で刺し殺すと考えられていた。

不動明王はもともと密教の中心的守り神であり、大日如来《だいにち》がいっさいの悪疫を降伏させるために化身したものとされてきた。

ここに、当時の人びとがこうした調伏の修法《ずほう》をどのように幻想していたかを知るかっこうの記録がある。「御伽草子《おとぎぞうし》」のひとつ『弘法大師《こうぼうだいし》の御本地《ごほんじ》』がそれである。物語は空海の誕生から死までの一代記という形をとり、ライバル僧・守敏《しゅびん》との雨乞いの呪験くらべ・呪詛合戦でクライマックスを迎える。

これをみると、中世の人びとがいだいていた空海のイメージは、真言密教の開祖たる名僧というよりも、呪術師、幻術使い、そして呪いのスペシャリストというものであった。

物語のあらましはこうである。朝廷から西寺《さいじ》を預かる守敏は、帝のまえでたびたび東寺の空海に面目をつぶされることがあり、なんとか仕返しをしたいと思っていた。

そこで、守敏は、世界じゅうの竜神（雨や水を司る神）を呪力で封じ込めておいて、そうとは知らぬ空海に雨乞いの修法《ずほう》をさせ、彼が面目をつぶしたあとで自分が竜神を解き放って、雨を降らせようと考えた。ところが、さすが空海、守敏より位が高いために封じ込まれずにいた善女竜王《ぜんにょりゅうおう》という竜神を天竺《てんじく》から呼びおろして、雨を降らせた。

またもや面目を失った守敏は、かくなるうえは空海を調伏・呪殺するしかないと考え、西寺に壇をかまえ、「降三世明王法」を修した。これを聞いた空海は、東寺に壇をかまえ、「軍荼利明王法」を修して調伏に対抗した。東西対決である。

しかし、いずれの祈りも強く、勝負はつかなかった。祈りによって発動した降三世明王の放つ矢と軍荼利明王の放つ矢が、虚空で矢じりをつき合わせて地に落ち、黒雲が渦巻き、日月の光も曇り、稲妻雷鳴によって天地が震動するというすさまじい事態が現出した。

これをみた空海は、一計を案じた。空海が守敏に祈り負け、護摩壇の上から逆さまに転落して死んでしまった、という噂を流させたのである。これを伝え聞いた守敏が、祈りをやめて勝利の笑みを浮かべながら護摩壇をおりようとしたとき、軍荼利明王の放った矢が飛んで来た。この矢で眉間《みけん》を射貫かれた守敏は、壇から逆さまに落下して血を吐いて死んでしまう。

当時、調伏法によって呪殺される者は、血を吐いて死ぬというのが一般的であったらしく、院政期、とりわけ白河上皇が延暦《えんりゃく》・興福《こうふく》両寺の大衆の強訴に対抗するために観音像を刻み、清涼殿《せいりょうでん》で興福寺の僧に修させてから盛んになった「大威徳明王法」でも、敵は病いをえて、血を吐いて死ぬとされていた。こうした密教の呪詛返しは「呪詛《じゅそ》諸毒薬還著於本人《しょどくやくげんちゃくをほんにん》」といって、観音を念ずると、呪った本人に返るといわれていた。平安時代から中世にかけて、観音菩薩は貴族から庶民へと広く信仰されるようになるが、その利益のひとつとして、このように、呪詛から身を守ってくれるとともに、呪詛成就《じょうじゅ》の守護仏という性格もあったことを忘れてはならない。

この空海と守敏との調伏合戦は、個人対個人の呪験くらべであり、調伏に用いる明王も軍荼利対降三世という、一壇ずつの壇をかまえた対決であった。ところが、その後、あげていったらそれこそきりがないほどの調伏法ニュー・テクノロジーが「開発」され、大規模になっていく。

たとえば、天皇や貴族などに頼まれて調伏するときには、最大のパワーを発揮させるために「五壇法」という、不動明王を中心に、軍荼利、降三世、大威徳、金剛夜叉の五大尊をすべて動員する修法《ずほう》が編み出されたり、「六字法《ろくじ》」とか、「六字河臨法《かりん》」などと称する、陰陽師まで動員して、怨敵《おんてき》をかたどった人形などを炉で焼いたり（東密）、川に流したりする（台密）、大がかりな調伏法も登場する。

## 神仏を責めたて、呪力をパワーアップさせる

密教の調伏法を、もう少しくわしくみてみよう。次にあげるのは室町時代後期に作られた幸若舞《こうわかまい》「信太《しだ》」に登場する調伏の場面だが、神仏習合化した時代を反映して、鹿島《かしま》明神の神主が五大尊を使って調伏を行なう。

　初一日の本尊地蔵薩埵《きった》南向き、二日は観音西向き、三日は勢至《せいし》東向き、四日は阿弥陀北向き、五日は軍荼利降三世、六日はすでに金剛夜叉、第七日にあたる日は、中尊不動明王を責めに責めてぞ祈りける。

　されども、道理なきにより、その験《しるし》見えざれば、行者面目失ひて、二七日ぞ加持《かじ》しける。是にも験見えざれば、「いや、唵呼盧呼盧栴陀留舎那摩訶留舎那《おんころころせんだるしやなまかるしやなん》」とぞ責めにける。数珠の緒疲れ、切れければ、五鈷《ごこ》をもって膝をたたき、三鈷をもって胸をたたき、独鈷《どっこ》をもって頭を打ち、頂《いただき》(頭のてっぺん)を打ち破り、頂上よりあへける(流れ落ちた)血をば、不動の利剣へおし塗って、是は調伏の人の身の血なりと観念して、天地を動かし、責めければ、あまりに強く責められて、五大尊は震動し、降三世は独鈷を振る、金剛夜叉は鋒《ほこ》を使ふ、大威徳の乗牛が角を振って吠えたりけり。中尊不動

の剣の先に生血が付いて見えしが、一法は成就したりとて、壇を破りて出でたりけり。

五大尊に調伏を依頼してもなかなか引き受けてくれないので、崇徳《すとく》上皇が自分の舌をかみ切ってまで怨念をぶつけたのと同じように、神主が自分自身の体を傷つけ、五大尊を激しく責めたてて、なかば強制的に調伏を引き受けさせている。

調伏のパワーアップのためには、自分を犠牲にし、神仏さえも傷つけてもいいという激しい怨念の発露をみてとることができる。

こうした、調伏の効果があらわれないときには神仏を責めたてるという考えは、他の密教調伏法にもみられ、聖天《しょうてん》（歓喜天《かんぎてん》）を使う調伏法などでは、沸騰した油のなかに聖天を入れて油煎《い》りにするという荒い行法も行なわれる。

## 「逆さま」の呪法

調伏をパワーアップさせる方法はほかにもある。まえに少し触れた「逆さま」の呪法がそれだ。中世の説経『さんせう太夫《だゆう》』にその調伏の場面が描かれている。さる国分寺《こくぶんじ》の聖《ひじり》が、さんせう太夫のもとを逃げ出してきた厨子《ずし》王をかくまい、追いかけてきた太夫を調伏するのだ。聖は「不動明王法」を用い、次のように調伏する。

お聖は、うがいにて身を清め、湯垢離《ごり》七度、水垢離七度、潮垢離七度、二十一度の垢離をとって、護摩の壇をぞ飾られたり。矜羯羅《こんがら》制吒迦《せいたか》、倶利迦羅《くりから》不動明王の、剣を呑うだる所をば、真逆様《まっさかさま》に掛けられたり。眠蔵《めんぞう》よりも、紙を一帖取り出し、十二本の御幣切って、護摩の壇に立てられたは、ただ誓文ではのうて、太夫を調伏するとぞ見えたりけり。

この神仏の絵像を逆さまにかけて行なう調伏法は、『曾我《そが》物語』にもみえ、そこでは比叡山の恵亮《えりょう》和尚が、惟仁《これひと》親王（のちの清和《せいわ》天皇）を皇位につけるために、「大威徳明王」の絵像を逆さに吊るして惟仁親王の兄である惟喬《これたか》親王を調伏している。

いざなぎ流「呪詛《すそ》の祭文」で呪いを引き受ける「唐土《とうど》じょもん」が、逆さま川で逆刀を振り、人形に衣を逆さま（裏返し）に縫い着せて「呪い調伏」（因縁調伏）を行なったのも、同じ発想によるものである。

芸能史家の服部幸雄《はっとりゆきお》氏によれば、江戸時代の歌舞伎や小説、浮世絵のなかで、幽霊は逆さま、逆立ちした状態で出現するきまりになっており、逆さまは反秩序・反体制の有効な武器であったという。

そこまでいえるかはともかくとして、逆さまが秩序の反転、状態の引っくり返しを意味していたことは確かであろう。こうした逆さまの発想は、私たちの身の回りにもある。たとえば、葬式の場がそうだ。死者の北枕や着物の逆合わせ、逆さびょうぶなど、日常生活のやり方を逆転させた所作は、「生」の秩序が逆転した「死」の秩序を表象している。「プロローグ」で紹介した、工場建設反対の「逆さどくろ」の旗も、こうした呪法の伝統を引いているのである。

なお、記録によれば、叡山の恵亮和尚は、「獨鈷《とつこ》を以て、みづから脳《なずき》をつきくだきて、脳をとり、罌粟《けし》にまぜ、炉にうちくべ、黒煙をたて、一もみもみ給ひければ」と、惟喬親王を調伏したという。脳味噌とミックスされた罌粟《けし》は、その幻覚作用を利用したとも思われる。これは、一部の修験者が護摩木に大麻を用いたことにもつながる。

ここまでにあげた調伏法は、さまざまなバリエーションをもつ密教調伏法の、ほんの一部といってもいいものである。では、なぜそのような多岐にわたる調伏法が「開発」され、さながらビッグ・テクノロジーのごとき様相が呈されたのか。ひとことでいえば、現代のテクノロジーが「差異」を強調するのと同じことなのだ。それまでとは違う新しい技術、ほかとは違う技術を強調しなければ、お客は振り向いてくれないのである。

かくして、密教各派とも天皇や貴族に取り入る方法として、難解な教義を説くよりも、病気なおしや延命法、怨敵調伏など、さまざまな修法《ずほう》による呪的効果をアピールするという「戦略」をとったために、修法《ずほう》の開発競争に拍車がかかった。こうした戦略は、現代の新々宗教にも引き継がれており、ある意味では現代の権力者の周辺にいる知識人たちにもあてはまることなのである。

## いまなお生き続ける密教調伏法

密教の調伏法は、「秘法中の秘法」として現在まで伝えられており、その呪術性が権威の裏づけとさえなっている。

「読売新聞」一九八四年十月十三日の夕刊に、「平安密教の秘密曼荼羅《まんだら》――高野山で発見」という大見出しで、平安後期の保元《ほうげん》・平治《へいじ》の乱直後に、真言の密教僧が天皇あるいは貴族を調伏するために用いた、三角形の護摩壇と調伏用曼荼羅が発見された、という写真入りの記事が掲載された。

これを知った私は、出版社を通じて、発見された資料の写真提供を高野山に申し入れた。高野山側から送られてきた写真貸し出しの申請書を提出したところ、その申請に対する返事はなしのつぶてだった。業を煮やした編集者が高野山へ電話をすると、その写真の取り扱いについては上層部が協議しているから待ってほしい、という答えが返ってきた。体《てい》のいい門前払いである。

その後、どうなったかは知らないが、新聞に発表したことを反省し、門外不出の秘密にしてしまったのではないだろうか。推測するに、高野山がかつて調伏法をもっていたことを知られたくなかったからにちがいない。

東密にしろ台密にしろ、歴史上、何度となく時の権力者の強請で怨敵調伏の修法《ずほう》を行なってきた。布教の妨害をする敵を自ら進んで調伏したりもしてきたのだ。

戊辰《ぼしん》戦争の際、明治新政府が反抗を続ける東北諸藩を調伏するよう江戸の寺院に命令したことは、よく知られている。これを受けた密教系の多くの寺院では、慶応《けいおう》四年九月ごろに「東征軍勝利北方降伏護摩祈禱」や「戊辰業障消滅の事」と称する調伏を行なっている。

また、第二次世界大戦のときにも、軍の命令によって日本のほとんどの寺院や大社で「鬼畜米英」に対する調伏が行なわれた事実から考えても、いかに調伏法が日本の社会に根づいていたかがわかる。

したがって、もし、読者のなかに誰かを呪い殺したいと思っていて、どうやって呪ったらいいのかわからない人がいたら、天台宗や真言宗、あるいはそこから中世に分立した日《にち》蓮《れん》宗身延《みのぶ》山《さん》派の荒行を修めた僧のなかから調伏法に長《た》けた僧を探し出し、密かに呪いを依頼するのがいちばんてっとり早い方法なのである。

ただ、今日でもこうした調伏法をきちんとできる僧や修験者がいるかどうかは、それこそ「秘法中の秘法」らしいので私にはなんともいえない。もし、いたとしても、唐土じょもんのように、「天が蓋で地が器」ほどの法外な費用を要求されるかもしれないので、よほどの金持ちでなければ無理かもしれないが……。

## 狐を操る「外法《げほう》」

ここまで述べてきた「呪い」のテクノロジーは、天皇や貴族や権力者の地位についた武士たちにかかえられていた、「高級」な宗教的スペシャリストが所持していたものであった。では、民衆のあいだにはどのような「呪い」のスペシャリストがいたのだろうか。

民衆の求めに応じてさまざまな祭儀や呪術を行なっていたスペシャリストも、陰陽《おんみよう》道系と密教系に分けることができる。しかし、このレベルでは、密教も陰陽道も神道も混ざり合っており、本質的内容においては、それほど明確な違いがあったとはいえない。あえて差異をみようとすれば、いっぽうには密教が日本古来の山岳他界観と結びつくことで生まれた修験《しゆげんどう》道の宗教者、つまり山伏《やまぶし》とか修験者がおり、もういっぽうには下級の民間陰陽師その他の呪術師がいた、といった程度の差異であろう。

山岳修行を積んで山伏の資格はもっていても、陰陽師として社会に臨む宗教者もいれば、陰陽師の資格をもちながらも山伏のイメージを人びとにアピールする宗教者もおり、さらには、ひとりの宗教者があるときは陰陽師として仕事をし、またあるときには山伏として仕事をすることもあったのだ。

こうした民衆のあいだで活動する修験者や陰陽師たちは、支配者やその周囲にいる高級な宗教者たちからは、「諸刃の剣」的なイメージで見られていた。というのは、その呪力が民衆のための招福除災に用いられている限りでは好ましいわけだが、人心を乱して社会の秩序を脅かしたり、その呪力が支配者たちの側に向けられては困るからである。

このために、民間の宗教者たちはしばしば弾圧され、その呪法は邪悪な法、つまり「外《げ》法《ほう》」「外術《げじゅつ》」などとみなされた。

なかでも、もっとも代表的な「外法」のテクノロジーは、狐の霊を操ってさまざまな神秘を行なうというものであった。狐を人に取り憑《つ》かせて病気にしたり、死に至らしめる。これは、まさに「呪い」であり「調伏」である。

もっとも、民間の宗教者が用いる動物霊は、狐の霊だけに限っていたわけではない。犬の霊であったり、猫の霊、あるいは蛇の霊であったりすることもあるのだが、全国的に広く流布していた動物霊は、主に狐であった。

なぜ狐なのか。日本には古くから狐を神霊視する信仰があった。その鳴き声などから吉凶を占ったりしていたらしい。この狐信仰をふまえて、中国の狐信仰の影響もあったのだろう、古代にはすでに狐は人に化けたり、憑《つ》いたりする能力をもっているという信仰も発生していた。

次に注目したいのは、中国から伝来した蠱毒《こどく》の影響である。蠱毒が妖狐《ようこ》信仰と結びつき、他の動物よりも狐が多く用いられるようになったというわけである。狐蠱《ここ》である。

第三の理由は、密教の影響である。密教の高僧たちは、陰陽師が操る「式神」に相当する使役神（使い魔）として、「護法童子《ごほうどうじ》」という鬼神の類《たぐ》いを操っていた。護法童子を用いて病気なおしなどを行なった。けれども、調伏には積極的に用いなかったらしい。護法童子よりもすごい、その本尊格の不動明王などの密教の神々を動員して調伏を行なっていたからである。護法童子は、密教の神々の従属神にすぎなかったのである。

ところが、下級の宗教者、とりわけ修験者は、護法として狐を用いた。民衆のなかで活動するには、「童子」よりもすでに妖獣として民間で信じられていた「狐」のほうが説得力があったのだ。

第四の理由としてあげたいのは、密教の神のひとつ「荼吉尼天《だきにてん》」との関係である。日本に伝えられた密教における荼吉尼天は、人の死を六カ月まえに予知し、人が死ぬとやってきて、死体を食べて生きているという恐ろしい夜叉《やしゃ》であり、これを祀《まつ》れば、並みはずれた利益をえることができると信じられていた。

この荼吉尼天は、美しい女人が狐の上に乗っている姿として描かれていた。もともと、中国では野干《やかん》という狐によく似た動物の上に乗っていたのだが、野干が日本にはいなかったので、狐があてられたというわけだ。

この荼吉尼天の狐が、妖狐信仰や狐蠱信仰などと結合することで、日本独特の荼吉尼天信仰＝狐使いの信仰が生まれることになったわけである。

## 天皇即位の「秘法中の秘法」とは

なぜ荼吉尼天信仰＝狐使い信仰が「外法」とされたのだろうか。

私のみるところ、ふたつの理由があった。ひとつは、蠱毒《こどく》と結合したこと。もうひとつは、支配者たちが荼吉尼天の修法《ずほう》を、もっとも強力な修法《ずほう》、自分たちを守護する呪力のうちでも核心となる修法《ずほう》とみなして「秘法中の秘法」とし、自分たち以外の人びとが利用することを厳しく禁止したらしいこと、この二点である。支配者は、自分には荼吉尼天の修《ず》法《ほう》を「相法《あいほう》」とし、他人が利用すると「外法」としたのである。

荼吉尼天の信仰は、秘法中の秘法、王法を守護する中心の神格として、最初、真言宗東寺系の高僧たちによって説かれ出した。東寺の鎮守神は稲荷神である。その後、東寺に近い伏見《ふしみ》稲荷も、東寺の影響下にはいっていく過程で荼吉尼天を祀るようになり、そこから稲荷神＝荼吉尼天、さらにはその使者神でしかなかった狐こそ稲荷神だというように変質していった。

さらに中世から現代まで、伏見稲荷の裏山に参籠《さんろう》して修行し、狐を操る能力を身につけたり、狐を授かろうとする宗教者や一般の人びとが数多くいた。

荼吉尼天が王法を守護する強力な神であったことをもっともよく示しているのは、天皇が即位したときに東寺の高僧たちによって行なわれた天皇の灌頂《かんじょう》の法（輪王《りんのう》灌頂。高御座《たかみくら》の法ともいう）、すなわち「東寺即位法」である。この中核にあったのが「辰狐《しんこ》王菩薩《おうぼさつ》」つまり「荼吉尼天」なのである。

この注目すべき事実を明らかにした国文学者の伊藤正義《いとうまさよし》氏や阿部泰郎《あべやすろう》氏らの研究によると、真言宗では、天照大神《あまてらすおおみかみ》（天皇家の氏神）や春日《かすが》・鹿島の両明神（藤原氏の氏神）などを荼吉尼天の変作（姿や名称を変えて示顕したもの）であるとし、藤原鎌足《かまたり》は狐すなわち荼吉尼天の援助によって蘇我入鹿《そがのいるか》を滅ぼして天下を平らげることができたのだ、という神話を作り上げていた。もちろん、陰の立役者は、摂関政治を行なっていた藤原一族である。

真言密教史の研究者である櫛田良洪《くしだりょうこう》氏の『真言密教成立過程の研究』（山喜房佛書林）によると、九条兼実《くじょうかねざね》の日記にこう記されていたという。かつて藤原道長がこの即位作法の存在を宇治《うじ》僧正・正覚に尋ねたところ、正覚はまったく知らなかった。そこで、正覚が諸方を尋ね回ると、東寺流の秘法であることが判明した。道長はそれを白河天皇と知足院忠実《ちそくいんただざね》に教えたというのだ。まことしやかな話だが、この「東寺即位法」を聖化する伝説であろう。とにかく、それほどの秘法であったのだ。

このように、荼吉尼天の呪力を独占しようとした支配者たちであったが、この法は、高僧や修験者を介して民間に「邪法」「外法」のイメージを引きずりながらも流布していった。あるいは逆に、「東寺即位法」そのものが、「外法」として流布していた「荼吉尼天法」の影響を受けて、それを独占するために作り出されたものかもしれない。

## 「荼吉尼天法《だきにてん》」で鎌倉幕府を呪詛調伏した後醍醐《ごだいご》天皇

この「荼吉尼天法」に関係した支配者が、歴史に数多く登場する。平清盛《たいらのきよもり》もそうしたひとりであった。『源平盛衰記』に次のような話がある。

貧しい青年時代の清盛は、それを修すると天子の位さえ望めるという大威徳明王の法を七年間修した。その後、京の蓮台野《れんだいの》で狩りをしていたとき、狐を射殺そうとした。すると、その狐が黄女《こうじょ》に変じ、命を助けてくれるなら、所望をかなえようと約束する。この狐を見逃してやったあと、清盛は、これはきっと荼吉尼天法を修すれば出世がかなうということだろう、と考えてこれを修するが、外法成就の者は子孫が絶えるとされているのを恐れ、中止した、という。

また、道長から東寺即位法を伝授されたという知足院忠実もまた、『古今著聞集《ここんちょもんじゅう》』によれば、流罪覚悟で修験者に頼んで荼吉尼天法を修し、出世を遂げたという。

この忠実の話に関連して紹介したいのは、中世の「玉藻前《たまものまえ》」伝説である。

中国から渡ってきた妖狐が、日本の朝廷を滅ぼすために玉藻前と呼ばれる美しい女に化けて近衛院(実際の近衛《このえ》天皇は十七歳で早世し、上皇にはならなかった)に近づき、その寵愛を受けることになる。だが、院は病いをえて、日増しに衰えていく。そこで、陰陽師・安倍泰成《あべのやすなり》を招いて占わせると、玉藻前の正体は、院の命を狙う妖狐《ようこ》であるとわかり、泰成が祈禱で追い払う。

この伝説には、妖狐みずから日本の王法を破壊しようとして登場する。しかし、前章でみたように、近衛天皇が藤原忠実・頼長父子の呪詛によって死んだと判断されたこと、頼長が陰陽道に凝《こ》っていたこと、忠実には荼吉尼天を修したという伝承がつきまとっていたことなどを重ね合わせると、この玉藻前伝承の背後には、荼吉尼天信仰があったと思われる。

この話は、忠実・頼長父子が天狗を呪詛神として近衛天皇を呪詛したという噂を、荼吉尼天によって呪詛したと置き換えて語ることから構想されたものではないだろうか。修験者たちのあいだでは、天狗と荼吉尼天は同じものとみなされていたし、陰陽師たちもまた、こうした狐を操るスペシャリストとみなされるようになっていた。

荼吉尼天を修して呪詛・調伏を行なった例として知られるものに、歴史学者の網野《あみの》善彦《よしひこ》氏が注目している、王政復古を願って鎌倉幕府打倒をめざした後醍醐《ごだいご》天皇がいる。後醍醐天皇は、荼吉尼天の法を行なったかどで非難された東寺長者の護持僧・文観《もんかん》に鎌倉幕府調伏を命じただけでなく、『太平記』によれば、みずから進んで護摩壇をかまえ、「金輪《きんりん》の法」を修したという（網野善彦『異形の王権』平凡社）。

「金輪の法」というのは、天子が即位のときに行なう四海統領《しかいとうりよう》（四方の領地を統治すること）を示す「四海統領の灌頂」（東寺流輪王灌頂の法）のことである。その作法の中核に、さきにみたように荼吉尼天法があった。後醍醐天皇は、みずから荼吉尼天法をも修することで幕府を調伏し、まさに天子即位法にふさわしく天下の主としての地位を回復しようとしたのであろうか。

## 武田信玄や上杉謙信が用いた「飯綱《いずな》の法」とは

荼吉尼天と天狗、そして狐の関係を、もっともよく示しているのが、中世後期から近世にかけて、信州を中心にかなり広い地域で信仰を集めた「飯綱《いずな》信仰」である。

これは信州飯綱山の修験が広めたものだが、その神格である飯綱権現は、荼吉尼天のかわりに修験者が信仰した不動明王を狐の上に乗せ、背中に天狗の羽をつけたものである。天狗の山として知られていた飯綱山も、荼吉尼天の信仰に基礎を置いた修験道の拠点だったのである。

武田《たけだ》信玄《しんげん》や上杉《うえすぎ》謙信《けんしん》、あるいは応仁《おうにん》の乱に関係した細川《ほそかわ》政元《まさもと》などは、この飯綱権現の信者であり、「飯綱の法」を行なったという。立身出世・怨敵調伏をするためであった。上杉神社に残されている謙信の甲《かぶと》の前立てには、守護神として飯綱権現が彫《きざ》まれている。

さて、こうした「狐使い」の操る「呪い」のテクノロジーが、蠱毒につらなる理由として見逃すことができないのは、テクノロジーそのものの共通性である。

すでに1章で述べたように、四国で広く分布している「犬神」の製法は、犬の頭を斬り落として、守護神・使い魔として祀り上げたものであった。

「イズナ使い」が用いる「イズナ」の製法も、これと同様である。雌雄二匹の鹿の皮を剝《は》いで陰干しにし、雄は長さ二尺八寸、幅三寸、雌は長さ二尺六寸、幅三寸に切る。ついで、身の丈《たけ》一尺ほどの亀をたらいに入れ、榊《さかき》を張りめぐらせて三日間酒を飲ませ、生きたまま甲羅を剝がして黒焼きにし、粉末にする。これを鹿皮の裏にのりで塗りつけ、雌雄の皮を貼り合わせたものを飯綱権現に供える。そのあとで深山にはいって狐をてなずけると、狐を自在に操れるようになる、というのだ。

また、近世の『嬉遊笑覧《きゆうしようらん》』によれば、修験だけではなく、巫女《みこ》もまたこうした「外法《げほう》」系の呪具を持っていた。

それによると、その製法は「この法を行はんと思ふ人幾人にてもいひ合せ、この法に用いる異相の人をつねづね見立ておき、生涯の時より約束をいたし、その人終らんとする前に首を切り落し、往来しげき土中に埋み置くこと十二月にて取り出し、髑髏《どくろ》につきたる土を取り、いひ合せたる人数ほどこの像をこしらへ、骨はよくよく弔ひ申す事なり。この像は異相の神霊にて、これを懐中にすれば、いかやうの事にても知れずといふ事なし」と記されている。この巫女は、この他にも猫の頭（猫蠱《びようこ》＝猫鬼《びようき》の類いだろう）のようなものも所持していたが、その正体や製法については明かさなかったという。

こうしたどくろを祀り、その魂魄《こんぱく》を操るのが「外法」であり、そのどくろを「外法頭《がしら》」という。犬神もイズナも、そうした伝統的信仰の流れのなかにあったのである。そして、そこに荼吉尼天の信仰も含み込まれていた。男女の性愛・性交がそのまま即身成仏なのだと説いて弾圧を受けた真言立川《たちかわ》流もまた、こうした外法頭の類いを製造していたが、その信仰の核は、やはり荼吉尼天信仰であった。

民間の「呪い」のスペシャリストたちのあいだには、蠱毒につながる陰惨な呪法の伝統が脈打っていた。いざなぎ流の「いざなぎの祭文」にみえる天竺《てんじく》いざなぎ大神《だいじん》が、天中姫《てんちゅう》の占いで「外法使い」と判定されたとき、激怒したこともゆえなしとはいえないのだ。

いわゆる「憑《つ》きもの筋」は、こうした民間の宗教者の「外法」が、一般の人びとのあいだにも適用され、特定の家を「外法」を祀るということで特別視したことから生じたものであった。

## 敬愛法――男女和合のラブ・マジック

ほかにも、独特のテクノロジーを保持するスペシャリストがいる。たとえば、日本古来の巫女の流れをくむ口寄せ巫女・梓《あずさ》巫女の系統がそうである。口寄せ巫女というと、現在では死者の霊をこの世におろすことで知られる東北・下北《しもきた》地方のイタコぐらいしか思い浮かばないが、巫女たちもまた呪詛を引き受けていたらしい。次のような話がある。

延喜《えんぎ》三年（九〇三）、醍醐《だいご》天皇の子どもを身籠《みご》もった太政大臣藤原基経《もとつね》の娘穏子《おんし》は、臨月のころ、しばしば邪気（物の怪）に悩まされた。見兼ねた兄の時平《ときひら》が、天台の験者として知られた相応《そうおう》和尚に不動明王法を修させたところ、無事、東五条殿《ひがしごじょう》で皇子保明《やすあきら》親王を出産した。

このとき、陰陽師に難産の原因を占わせた。すると、この出産を妬んで厭魅《えんみ》している者がいるためとわかり、調べてみると、白髪の老婆が東五条殿の板敷きの下で梓弓《あずさゆみ》に歯を立てて呪っているのが発見された。この老婆を引きずり出すと同時に、皇子が誕生したという。

まさしく梓弓を呪詛の道具にした梓巫女による呪いである。しかし、私の乏しい知識では、これほどはっきりした巫女による呪詛の記録はほかに見当たらないのである。それには理由がある。

結論を先にいってしまえば、この呪詛法が、権力の中枢《ちゅうすう》というよりも、私的領域、それも主には民衆レベルに近いところで行なわれたことが考えられるであろう。また、巫女は験者（山伏）と夫婦になることが多かったので、呪詛は夫に任せるということもあったはずである。

平安時代中期、『和泉式部集《いずみしきぶしゅう》』や『和泉式部日記』などで知られる女流歌人の和泉式部は、愛人とのあいだで詠《よ》みかわした恋歌からもうかがい知れるように、なかなかの情熱家であったらしく、何人もの男と結婚を繰り返し、藤原道長から「浮かれ女」などと冷やかされたりしている。夫運が悪かったせいでもあるらしい。その彼女が、三十代半ばごろに藤原保昌《やすまさ》と結婚した。伝説では、大江山酒呑童子《おおえやましゅてんどうじ》退治で名高い源頼光《らいこう》の四天王のひとりに数えられた人物である。

この式部と保昌の夫婦間に危機が生じた。保昌にうとんぜられたらしい。後世の『沙石《しゃせき》集《しゅう》』という仏教説話集などによると、これを悲しんだ式部は、巫女に依頼して貴船《きぶね》社で夫婦和合（敬愛）の祭りを行なわせたという。当時、すでに貴船社は呪詛を引き受ける神として知られていたことを考えると、この夫婦和合の法は夫の愛人への呪詛の法でもあったらしい。

式部は「男に忘れられて侍《はべ》りけるころ、貴船にまゐりて、御手洗川に蛍《ほたる》のとび侍りしを見て」、次のように詠んだという。「もの思へば沢の蛍もわが身よりあくがれいづる魂かとぞ見る」。暗夜、飛び交う蛍をわが身から出た呪詛の魂（生霊《いきりょう》）ではないかと思ったというのである。

敬愛の祭り――ラブ・マジック。これがまたかわっている。老巫女が赤い幣などを立てめぐらせて、いろいろな作法をしたあとで鼓を打ち、前をかき上げて、つまり着物の裾をまくって陰部を露出させてそこを叩くという、いささか卑猥《ひわい》な感じのする法なのである。これにはさすがの和泉式部も参ったとみえ、顔を赤面させて言葉もなかったらしい。

では、なぜこれが呪詛法なのか。ほぼ同時代の『新猿楽記《しんさるがくき》』という記録にみえる敬愛の呪詛法が、和泉式部の例と照応する。この記録は、猿楽見物に来た老翁《ろうおう》一家の生活をくわしく描いたものであるが、そのなかに、この老翁の齢六十を過ぎた本妻が、すっかり老いぼれたわが身もかえりみず、なお夫に愛され、抱かれることを願って神仏詣《もう》でに狂奔する話が出てくる。

さて、その老妻、本尊とする「象頭人身」の夫婦が抱き合う像を祀る聖天《しょうてん》（歓喜天《かんぎてん》）に頼んだが効果がない。巷間《こうかん》、他の神仏が見放すような無理な願いも聞き届けてくれるほど呪力が強いといわれた歓喜天である。それがだめならあとは推して知るべし。自分が祀る道祖神、五条の道祖神（のちの五条天神）、東寺の夜叉神堂へと、供物を供え、白幣を捧げて千社を叩き、走り回ったが効果はなかった。その様子は、嫉妬《しっと》のために目は毒蛇のごとく、憤怒の相はさながら悪鬼のようであったという。

神道史学者の近藤喜博《こんどうよしひろ》氏は、和泉式部の貴船詣でと、貴船に詣でて鬼に変じて怨念を晴らした宇治の橋《はし》姫とのあいだには、同じ信仰構造があると指摘しているが（『日本の鬼』講談社）、この老妻と式部についても同じことがいえる。辻や境に立つ道祖神が、性愛の神であることはよく知られている。

男と女が並んでいる姿を刻みつけた石像から、抱擁している像、はては露骨に男根と女陰をかたどった像まであり、一般には性の力＝豊穣力で外部から侵入してくる邪霊を追い返すとされているが、それとともに縁結び・縁切りの神でもあったのだ。そうした役割は夜叉にもあり、京では東寺や清水寺《きよみずでら》の夜叉神が縁結びと縁切りで、いまでも広く信仰を集めている。

男女和合の願い、その対極にある男女の縁切り、そしてそれがさらに過激となった恋敵への呪詛——そうしたもろもろの願い、とりわけ男性中心社会のなかの女性の私的領域で生じた呪い心を、神に仲介する役割をもつ者として巫女がいたのではないだろうか。だが、まえにも述べたように、文献のなかではその姿はあまりにおぼろげであり、歴史の闇に吸い込まれてしまっているのである。

## 神仏に無理やり「呪い」を引き受けさせる法

『新猿楽記』の千社詣でに狂奔する老妻の話は、私たちに中世の人びとが神仏にいだいていたイメージの一端を知るヒントを与えてくれる。一心に神仏に祈願してもいっこうに効果があがらなかったとき、人びとはどうしたか。

密教の験者や陰陽師などに、「天が蓋で地が器」ほどの謝礼を払うことなどとてもおぼつかない人びとの場合だ。いまでいえば庶民ということになる。

じつは、神仏までをも呪ったのである。自分の思いを晴らしてくれない神仏の無慈悲を恨み、それこそ「神も仏もあるものか」と神仏を責めたてたのだ。これは、まえに紹介した藤原頼長の『台記《たいき》』にみられた天狗の目に釘を打つ呪詛法や、聖天（歓喜天）の油煎《い》りにもつながるものである。

十三世紀中ごろに実際に起きた庶民の呪詛事件をみてみよう。京都四条東《しじょうひがしの》洞院《とういん》に住み、高利貸を営む比丘尼《びくに》妙仏《みょうぶつ》には実子がなかった。そこで、買い取った石女《うまずめ》の奴婢《ぬひ》を養女にして、家を継がせようとした。

ところが、石女《うまずめ》が養母を裏切るようなことをしたらしく、妙仏は養女の縁を絶ってしまう。これを恨んだ石女《うまずめ》は、怨霊を祀り上げた上御霊《かみごりょう》社、下《しも》御霊社、そして呪詛神として名高い貴船社の三社に「呪い釘」を打ち込んだ。妙仏とその友人・西願《せいがん》は発病し、西願は亡くなってしまった。恐れおののいた妙仏の別の友人が石女《うまずめ》の義絶を解けと忠告し、妙仏はこれに従った。

石女《うまずめ》は上御霊社と下御霊社に打った「呪い釘」を抜いて川に流した。だが、ひどいことに貴船社は遠いこともあってか釘を抜きに行かなかったために、数日後、妙仏は亡くなってしまったという。

この石女《うまずめ》の「呪い釘」とほぼ同じような性格をもつ呪いの方法が、説経の『信徳丸《しんとくまる》』にも描かれている。

信徳丸は京都清水寺の観音の申し子（神仏に祈ったおかげで生まれた子）として生まれた。

その彼が、早くに母と死別し、実の子に跡目を継がせようとする継母に呪詛される。それも、こともあろうに、清水観音の申し子として生まれた彼が、継母が清水観音に呪詛の祈願をしたために盲目の身になってしまう。それにしても、清水観音の申し子を清水観音が呪うというのだから、たいした仏である。

こうした中世の神仏の二股膏薬《こうやく》的なありようは、現代人からみればとんでもない思いがしないでもない。しかし、『松浦《まつら》長者』という中世の物語では、春日明神でさえも、いっぽうに自分の娘の身代わりになって竜神（大蛇）の生贄《いけにえ》になってくれる娘はいないか教えてほしいと頼む者があり、他方に身売りをしてその金で亡き父の供養をしたいというけなげな祈願をする娘がいると、平然とその仲介役をしたりしているのである。この時代の神仏は、「善悪不二《ぜんあくふに》」すなわち善も悪も別のものではなく、とにかく人の依頼はなんでも聞き入れてやろうとする性格をもっていたらしい。なにしろ、人の願いを聞き届けないと、神仏さえも激しく責めたてられ、呪われた時代だったのだ。

じつは、そのかっこうの事例が信徳丸の話だったのである。父の信吉《のぶよし》長者は、前世の悪縁のために子種がないのだと説く清水観音を、次のように脅して申し子させたのだ。「あら情けなの御本尊や、たとえ夫婦の者ども、過去の因果は悪しくとも、方便にて、授けたまわり候え。まことお授けないならば、御前《おんまえ》ふたたび下向《げこう》申すまじ（この場から立ち去らないということ）。御前にて、腹十文字にかき切り、そう（臓腑）つかんでくり出だし、御神体に投げかけ、荒人神《あらひとがみ》（怨霊）と呼ばれ、詣り下向の人々を、取って服する」。

一説によると、豊臣秀吉《とよとみひでよし》にうとんじられ、切腹に追いやられた千利休《せんのりきゅう》は、下腹を横一文字にかき切って腸をつかみ出し、自在鉤《かぎ》に吊るしたのちに十文字にかき切り、「利休めはとかく果報のものぞかし　荒人神になると思えば」という辞世を残したという。

これもまた、信吉が清水観音に呪詛の言葉をなげかけたのと同様、秀吉に対する呪いのパフォーマンスといえるのではないだろうか。神仏をも恐れぬ死に際してのパフォーマンスとは、こういうものだったのである。

## 神仏に釘を打ち込むだけで「呪い」が発動

では、継母は信徳丸をどのように呪ったのだろうか。まず清水坂《きよみずざか》の鍛冶屋に宿をとり、一晩でできるかぎりの六寸釘を作ってほしいと頼む。そして、夜明けに清水にお参りして、「信徳丸の命を取ってくれ。さもなくば、人の嫌う病気にしてくれ」と祈願し、観音の前に立つ木に清水の十八日の縁日にちなんで十八本の釘を打ち込んだ。

さらに、清水坂を下って祇園《ぎおん》社に詣《もう》で、やはり縁日にちなんで神殿の格子に七本の釘を打ち、次いで、御霊社に八本、七《なな》の社《やしろ》（不詳）に七本、今宮《いまみや》社に十四本、北野《きたの》社に二十五本、東寺の夜叉神堂に二十一本、稲葉堂に十二本、といった具合にたて続けに釘を打ち込み、余った釘は鴨川《かも》、桂川《かつら》の水神を動かすために打ち込んだ。総計はなんと百三十六本にも達した。

おそらく、この継母が呪詛祈願に参詣《さんけい》した寺社が、当時の京で呪詛を引き受けてくれる神仏を祀《まつ》ってあるところとして人びとに広く知られていたのであろう。

継母は、最後に再び清水に戻り、御前に三度伏して、「どうか帰宅せぬうちに呪いを成就《じょうじゅ》してほしい」と祈ったところ、この釘が信徳丸の身体に刺さり、病いの床についてしまったのだ。しかしながら、物語の最後には、恋人・乙姫《おと》の信心の力で釘がすべて抜け落ち、もとの信徳丸に戻って大団円を迎える。

この信徳丸に対する呪いの作法は、さきほどの石女《うまずめ》のそれとまったく同質のものである。願いをかなえるためには、神仏を責めたてることをもいとわない激しい怨念の発露をみてとることができる。人びとは、こうした神仏をも恐れぬ人間の怨念を恐れたのだ。

さらに、次の事実も明らかになってくる。江戸庶民のあいだに広く行なわれた呪い人形に五寸釘を打ち込む「丑《うし》の時《とき》参り」による呪詛法が成立するのはまだ先のことで、中世の、それも陰陽師や密教僧に頼る財力のない庶民が自分で行なった呪詛は、「呪い釘」を寺社に打ち込む程度のものが多かったのである。

思うに、この神仏をも恐れぬ「呪い釘」による呪詛法に、呪禁道・陰陽道に端を発する「人形祈り」や、宇治の橋姫的な生きながらにして鬼に変じて怨念を晴らすための作法などが混じり合って、江戸の元禄《げんろく》のころまでに丑の時参りの「定式」が形成されていったのであろう。

## 「丑《うし》の時参《ときまい》り」の作法・その壱

さて、以下では、いわゆる「丑の時参り」の呪詛法をみることにしよう。

まず、この呪詛法の典型的な作法から紹介しよう。いでたちは白い着物を着て、髪を乱し、顔に白粉《おしろい》、歯には鉄漿《かね》、口紅を濃くつける。頭に鉄輪《かなわ》をかぶり、その三つの足にろうそくを立ててともす。胸に鏡を掛け、口に櫛《くし》をくわえる。履《は》き物は歯の高い足駄《あしだ》である。

次に、呪いの道具は、憎むべき相手をかたどったワラ人形とそれに打ち込む五寸釘、釘を打つための金槌である。ワラ人形に氏名や年齢を書いておくと効果はいっそう高まる。

呪詛を行なう場所は、寺社の古い神木の幹である。神仏が習合していた時代は寺でも行なわれたが、神仏が分離された明治以後は、主として神社が呪詛の場所として選ばれるようになった。

呪いをかなえるためには、呪いのパフォーマンスだけではじゅうぶんでなく、寺社の仏や神に呪い成就の祈願をする必要があったからである。もともと丑の時参りは、ある特定のことを祈願するための千社参りや百度参りのバリエーションであり、それがやがて呪詛専門の参詣《さんけい》に限定されるようになったのである。

寺社に呪詛成就の祈願と呪いのパフォーマンスを行なうために出かける時刻は、丑の時（午前一時）から寅の時（午前三時）までの二時間である。

こうした作法によって人に見られることなく七日間、丑の時参りを行ない、七日目の満願の夜、お参りをすませて帰る途中に、丑の時だからであろう、黒い大きな牛が行く手に寝そべっている。それを恐れることなく乗り越えて帰ると、みごと呪いが成就するというわけである。

この、今日でもときどき雑誌やテレビなどで絵入りや実演つきで登場する「丑の時参り」の原型となったものが、まえに紹介した「宇治の橋姫」伝説にみえる呪詛法である。鬼に変じて恋敵《こいがたき》を取り殺そうとした、橋姫の「鬼になるための作法」である。

しかし、それはあくまでも原型であって、いまみてきたような後世の「丑の時参り」の作法とはまったく一致するわけではない。なかでも、もっとも大きな違いは、橋姫の貴船社参りは、鬼に変身するためのものであったが、丑の時参りはそうではないということである。

鳥山石燕『今昔画図続百鬼』に描かれた「丑時参」（東北大学附属図書館所蔵）

そこで、もう一度、橋姫の鬼になる作法を思い起こしてみよう。橋姫は貴船社に七日間籠《こも》る。これは丑の時参りが七日間であることといちおう対応している。満願の日、貴船明神が宇治の川瀬で精進潔斎《しょうじんけっさい》しろという託宣をするが、丑の時参りにはこれに相当するものがない。強いてあげれば、白い着物を着ることが精進潔斎法の名残りかもしれない。

橋姫は髪を五つに分けて鬼の角《つの》の形になし、顔に朱をさし、身には丹《に》（赤色の土）を塗った。これも丑の時参りとは異なる作法だ。国文学者の深沢徹《ふかざわとおる》氏によれば、「赤」は犯罪者をあらわす色であり（戦前まで囚人服は赤であった）、地獄の閻魔《えんま》王の衣服も赤、この世の閻魔ともいえる検非違使《けびいし》庁の看督長《かどのおさ》の服も赤であったという（「〈赤〉のコスモロジー（上）（下）」『月刊百科』一九八五年五月号、六月号）。法を破った者、犯罪者を捕えるためには法を破ることも許されていた者、そして鬼たちの統領——つまり「赤」は〈逸脱〉をあらわす色であったのだ。

さらに特徴的なこととして、橋姫の呪いにはワラ人形や釘がみられないということがある。しかも、七日間社殿に籠っていたわけだから、丑の時に参ったということにもならない。橋姫伝説は後世の「丑の時参り」の作法の原型のひとつであることにかわりはないものの、「丑の時参り」の基本要素である丑の時に行なうことと、呪い用人形を欠いているという点で、決定的に異なっている。呪い人形と丑の時参りの原型は、橋姫伝説とは別のところに求めなければならない。

そこで浮かび上がってくるのが、陰陽師が呪詛のときに敵に見立てた人形である。奈良時代に呪禁道の「厭魅《えんみ》」として流布したものが、民間レベルでは陰陽師の人形祈禱と関係をもち、それが丑の時参りの作法へとはいり込んだものと思われる。

それと、もうひとつ忘れてはならないことがある。さきほどの社寺の神木や社殿、あるいは神像、仏像にまで釘を打ち込み、神仏を痛めつけてまで呪詛の願いをかなえてもらおうとする「呪い釘」による呪詛法である。この呪詛法が「丑の時参り」の作法の成立に強い影響を及ぼしたはずなのである。

## 「丑の時参り」の作法・その弐

次に、なぜ、丑の時に行なわれるのかを考えてみたい。誰が考えても白昼堂々と呪い人形に釘を打ち込んだりするのは論外だとしても、ただたんに夜陰に乗ずればいいというわけでもないのだ。

さきほどの橋姫伝説に題材をとった謡曲「鉄輪《かなわ》」では、丑の時参りにきた女性に対して、貴船の社人が鬼になる作法を次のように教えている。

「御身《おんみ》は都より丑の時参り召るゝ御方にて渡り候か。身に赤き衣を著《つ》け、顔には丹を塗り、頭には鉄輪を戴《いただ》き、三足に火をともし、怒る心をもつならば、たちまち鬼と御なりあらふ」。

また、室町時代に製作されたと考えられる、絵巻や絵本にもなって広く流布した『熊野《くまの》の本地《ほんじ》』という物語には、次のように語られている。

天竺摩《てんじくま》訶陀《かだ》国の善財《ぜんざい》王には千人の妃《きさき》がいた。そのひとり、五衰殿《ごすいでん》に住む善法女御は、次第に王の寵愛《ちょうあい》を一身に受けるようになり、うとんぜられた九百九十九人の妃からさまざまな陰謀をめぐらされて、ついには死に追いやられてしまう。その陰謀のひとつとして、九百九十九人の妃たち自身による呪詛があった。

彼女たちは、七尺の旗を差し上げ、地を打ち、天を叩き、唾《つば》を吐き、山神護法、水神、海竜王、提婆《だいば》王などに頼んで七日七晩呪い続けた。これは、いざなぎ流「呪詛《すそ》の祭文《さいもん》」のなかで、提婆王の妃みずからが行なった呪詛法ともほぼ一致するものである。しかし、妃たちのこの呪いの効果はいっこうにあらわれなかった。

そこで、九百九十九人の妃は、身の丈七尺ばかりという大女をひとりあたり十人、合計九千九百九十人用意し、「顔には墨を塗り、身には赤き物を着せ、鉄輪をいただかせ、三の足にはろうそくをともして、丑の時に、五衰殿に押し寄せ」させた。九千九百九十人の大女に、鬼が大挙して五衰殿を襲ってきたというパフォーマンスを演じさせたのである。

これによれば人が鬼へ変身したり、鬼の出現する時刻が、丑の時だと考えられていたのである。丑寅《うしとら》を「鬼門」、すなわち鬼が侵入してくる方位だとした陰陽道の考え方が背景にあったことはいうまでもない。それが、後世の「丑の時参り」では忘れられてしまったのである。

### 「丑の時参り」の作法・その参

元禄時代の武士の日常生活を描いた神坂次郎《こうさかじろう》氏の『元禄御畳《おたたみ》奉行の日記』にも、丑の時参りの記載をみることができる。

元禄十年（一六九七）四月七日の夜、尾張《おわり》の熱田《あつた》天王社南新宮の銀杏《いちょう》の木の下に、美しい縮緬《ちりめん》の着物を着た女の人形に、八寸釘七本が打ち込まれていた。この人形が発見されたあと、渡辺《わたなべ》某の妻が死亡した。かつて渡辺の寵愛した女が呪詛したためだという噂が流れ、女は捕えられて投獄されたという。

また、この事件の十三年後の宝永《ほうえい》七年六月のこととして、次のような呪詛事件も記されている。桔梗屋《ききょうや》半《はん》右衛《え》門《もん》という男が、妻がありながら若い娘と深い仲になり、妻を追い出して一緒になろうと約束した。しかし、いつまでたっても実行しないので、これを恨んだ女は自殺をはかったが未遂に終わった。この一件ののち、男はますます深く娘を愛し、妻を離別して家に迎え入れた。前妻は怒り狂い、「額に小鏡をあて、頭にわたをいただきて丑時参りす。七日に満ちてその験《しるし》にや、当妻狂ひ走る」という恐ろしい事態になったという。

こうした「丑の時参り」の呪詛法は、私たちがいままでみてきたものとはかなり異なっている。このほかにも、江戸時代のいろいろな書物に、女性の呪詛事件のことが記されているが、その多くにいえることは、一定の作法に従ったものではなく、ある程度の共通性をもちながらも、かなり多様であったということである。

それが江戸時代後期になると、おそらくは現代のマニュアル文化の走りともいえる江戸情報産業の発達によって、一定の作法による丑の時参りの定番・定式が形成されていったものと思われる。

恋の恨みをいだき、「無言電話」程度では気がすまないから、「丑の時参り」をしてまでも思いを晴らしたいと願う現代の女性がいたら、なにも江戸後期に形式化された作法にこだわることはないのだ。日本の「近代」が準備されたのは江戸時代であり、ポストモダンがプレモダンにつながるという考え方に立てば、いままで紹介してきた江戸以前のいろいろなやり方で、恋敵を呪えばいいのである。ブランド好みの人は橋姫風や鉄輪風がいいかもしれないが、てっとり早い無印良品を望む向きは、釘と金槌を用意して夜中に神社に出向き、神殿の近くの人目につかない木に釘を打ち込めばいいのだ。

ただし、そのときに神社の神に呪詛の祈願をすることを忘れてはならない。ほかならぬ神社で呪いのパフォーマンスをすることの意味は、そこにあるのだからだ。さらにいえば、祈願さえすれば、どんな神や仏でも効果てきめんの呪詛を引き受けてくれるわけではないことも忘れてはならない。

不動明王と阿弥陀如来《あみだにょらい》を比較したら、不動明王のほうがいいだろうし、大日如来《だいにちにょらい》よりは夜叉神のほうがいいはずである。あるいは、怨霊として祀られた菅原道真や平将門などにゆかりのある神社が適しているかもしれないし、京都には貴船神社や宇治の橋姫を祀る橋姫大明神社もある。いずれにしても、呪いの効果を高めるためには、呪験《じゅけん》のある神や仏をしっかり調べる必要があるのだ。

それにしても、善悪の分別を忘れ、深夜、ワラ人形の彼方に敵が不幸に陥る姿を幻視しながら、ひたすら釘を打ち込む女性の姿は、鬼気迫るものがある。「丑の時参り」は、そうした人間の恐ろしさと悲しさを、私たちに訴えかけているのである。

# 4章　「呪い」を祓う方法

## 「水戸黄門《みとこうもん》」のラスト・シーン

上は支配者・権力者から下は庶民のレベルまで、「呪《のろ》い」に文字どおり呪縛《じゅばく》されてきた日本文化の歴史をみてきた。そのなかで、おぼろげながらもみえてきたのは、「呪い」は、ただたんに誰かを憎らしいと思っている人間が、その怨念を晴らすために呪術に訴える、ということだけではとうてい片づけられない、複雑な社会関係や権力関係、信仰体系に組み込まれているということである。

そこで次に、日本文化、そして日本人がもち続けてきた「呪い」をも含み込んだ世界認識の方法、とりわけ、人間にふりかかる災厄の原因をどのように考え、それにどのように対処してきたのかを考えてみることにしよう。

その最初の扉を開く鍵が、「恨《うら》みを晴らす」という言葉のなかに隠されている。「恨みを晴らす」というのは、いうまでもなく心のなかにある恨みの念を消し去ることである。

さらに、この「晴らす」という語は、良い天気のことを意味する「晴れ」に関係していることも明らかである。私たちは、心が好ましい状態にあることを「心が晴れ晴れしている」と表現したり、「晴れ着」「晴れの舞台」「晴れの日」などのように、常ではない特別な状況を「晴れ」と称したりする。

そのとき、人の心の状態はもっとも清浄で快適な状態にあり、それゆえに、宿願の敵討ちを果たしたときとか、大観衆のまえでみごとに大芝居を演じたとき、あるいはノーベル賞を受賞したときなどに、人びとは「天晴《あっぱ》れ」とほめたたえるのである。

よく時代劇などで、さまざまな苦難を乗り越えた大団円のシーンに、快晴の空のもとで主人公が立ち去っていく場面が登場する。テレビの「水戸黄門」のラスト・シーンも、十年一日これであった。

撮影の日がたまたまピーカンだったというのではなく、善玉の登場人物たちの心や人びとの住む社会までもが「晴れ」の状態になっていることをシンボリックに表現しているのである。

人の心や社会の状態も天気と同じで、いつも「快晴」というわけにはいかない。天気の「晴れ」の対極にあるのが、空がすべて雲に覆われた「曇り」の状態である。古代や中世では、「曇」という漢字だけでなく、「蔭」という字をあてたりもしている。太陽や月が蔭っているというわけで、曇りよりも意味するところがはっきりしているといえよう。

「雨」や「雪」は「曇り」のバリエーションと考えればいい。なかでも最悪の「曇り」は、昼間にもかかわらず厚い黒雲が天を覆って闇夜に等しく、激しい雷鳴と稲妻が走り、車軸《しゃじく》を流すがごとく雨が降り注ぐ状態である。妖怪たちはこのような天候のときに出現してくるとされている。

この「曇り」という語もまた、「心が曇る」「表情が曇りがち」などというように、人の心の状態をあらわす表現に用いられる。心の「曇り」の究極的な状態では、心が疲れきり、汚れきって生きる活力をほとんど失い、心の「闇」のなかから妖怪が出現してきて、心を支配してしまう。俗にいう「月は晴れても心は闇だ」という状態である。

怨念《おんねん》すなわち「呪い心」が生み出されるのは、こうした心的状態であり、私たちがここまでみてきたさまざまな「呪いのパフォーマンス」は、この心の「闇」＝「曇り」を、心の「晴れ」へと変えるための極端な浄化方法なのである。

つまり、「呪い」が成就すれば恨みは晴れ、心も「晴れ」の状態になるというわけである。いざなぎ流の「呪詛《すそ》の祭文《さいもん》」は、別名「曇りの祭文」とも呼ばれている。右のことをふまえれば、納得がゆく適切な表現である。

## 「呪い」が「ケガレ」を発生させる

こうした心の「晴れ」と心の「曇り」の対比と、その両者が関係し合うダイナミックスを理解するために、民俗学は「ハレ」と「ケガレ」と「ケ」という三項対立の概念を設定してきた。私もこれにならってこれからの議論を進めていくことにする。

「ハレ」とはめったにない心の「快晴」であり、「ケガレ」はやはりめったにない闇のごとき心の「曇り」である。これに対して「ケ」は、「ハレ」と「ケガレ」が混じり合った完全な「晴れ」とも「曇り」ともいいかねる状態で、天気はもちろん、人の心も多くはこのような状態に置かれている。いいかえれば、心地よいプラスの非日常が「ハレ」であり、マイナスの非日常が「ケガレ」、そして日常が「ケ」ということになる。

重要なのは、心の「曇り」である「ケガレ」を作り出す原因はなにか、ということである。それは人の「外部」からやってくる。いや、心だけではない。身体のケガレ、社会的集団におけるケガレ、特定の空間のケガレなど、さまざまな「ケガレ」の原因は、「外部」から侵入してきた邪悪なものによって引き起こされる。それでは、それはなになのか。

これが一筋縄《ひとすじなわ》ではいかない。人類学的にみれば、「ケガレ」の原因の中身はそれぞれの文化が決めており、人類普遍の「ケガレ」の原因となる事物が定められているわけではないからである。たとえば、双子が生まれたとき、豊穣・多産のしるしとして喜びお祝いをする社会があるかと思えば、いっぽうでは不吉なしるしとして恐れ、放置すれば社会が危険になると考えて浄化儀礼をする社会もある。

また、同じ文化でも時代によってその中身は変化する。かつては日本の女性は月経の血のために男性とくらべてケガレた存在だとみなされていたが、現代ではそんなことをいう者はいない。

さらに、特定の事物がいかなるコンテクスト（状況、文脈）においてでもケガレの原因とされるわけでもない。たとえば、服についた糞尿《ふんにょう》は、服や着ている人間にとってはケガレとなるが、畑にまかれた糞尿がケガレと認知されるわけではない。火事の火はケガレとされたりするが、カマドや囲炉裏《いろり》の火はケガレではないし、火祭りの火はまさに聖なる火である。

コンテクスト抜きにケガレの原因をあげることはむずかしいのだが、日本において「ケガレ」の状態を引き起こすものとして考えられていたものに、大きくわけてふたつある。ひとつは目に見える物理的な事物で、見たり、触れたり、口に入れたり、においをかいだりすると、人を危険な状態、好ましくない状態にすると考えられるものである。要するに感染するわけである。死体や血、腐敗物などがこれにあたるとされていた。このような事物のなかには、たんに文化が作り出したものだけではなく、「科学的」に根拠があるものも含められている。

もうひとつは神秘的な力や霊である。いわゆる「邪気」とか「悪霊」などと呼ばれるものがこれに相当する。

この「ケガレ」の原因となる物理的なものと神秘的なものは、厳格に区別されているわけではない。よく死体が邪気を発しているなどといわれるように、不可分の関係にあることも多い。「蠱毒《こどく》」の毒のなかには、科学的にはなんの効果もないものもあったろうし、毒きのこのようなものを食べさせることもあったかもしれない。

そして人を「ケガレ」の状態にする原因のひとつ、それも、もっとも恐ろしい原因として、「呪い」すなわち生者や死者の怨念《おんねん》、あるいは神や妖怪の怨念があった。

目に見える原因ならば、目に触れないところへ捨てることによって取り除くこともできるが、不可視の「呪い」は、そう簡単にはいかない。それゆえに恐怖の対象となったのである。この「ケガレ」が、人の心や身体に、あるいは家や社会集団のなかに侵入してくることによって、「ケガレ」＝「曇り」の状態となり、さまざまな障害が発生することになるのだ。

さらにいえば、人間の心や身体、そして社会の内部に侵入してきて「ケガレ」を発生させるものとして、人間に操られたり、あるいは自らの意志ではいり込んでくる邪悪な動物霊もあった。前章でみた犬神や狐神、蛇神、猫神などがそれである。

とくに江戸時代の庶民のあいだで稲荷信仰＝狐霊信仰が盛んとなり、原因のよくわからない病気になると、すぐ「狐に憑《つ》かれた」と考え、祈禱《きとう》師に憑きもの落としの祈禱を行なわせた。この信仰の伝統は、今日でも生き続けている。ときどき悪霊憑き信仰に端を発した殺人事件が、センセーショナルに報道されることがある。悪霊による人間の「ケガレ」を落とす極端な方法として、殺人に至ってしまうのだ。

## 「ケガレ」は「外部」からやってくる

では、こうした人や社会にとって好ましくない「ケガレ」の状態にならないようにするにはどうしたらいいのだろうか。また、もし「ケガレ」の状態になってしまったときはどうしたらいいのだろうか。

そのときは、人類学でいうところの「浄化」の儀礼を行なわなければならない。古くからの日本の言葉でいう「祓《はら》い」や「清め」である。つまり、「外部」から侵入してきた「ケガレ」の原因を、もとの「外部」へと追い払い、「ハレ」の清浄な状態を作り出そうというわけだ。この「祓い」は、語源的にはお金を支払うの「払い」や、恨みを晴らすの「晴れ」と同じだと考えられている。つまり、「祓い」は「晴らい」「払い」でもあるわけである。祝詞《のりと》でいう「祓い給《たま》え、清め給え」なのである。

では、邪悪なものが存在する「外部」とはどんな領域なのか。それは、人間の知識・技術がコントロールできていない未知の領域、いいかえれば「カオス」の領域のことである。人類学でいえば〈自然〉ということになる。これに対して、「内部」は秩序づけられた既知の領域、〈文化〉（ノモス）の領域ということになる。

要するに、日本人がよく口にする「ウチ」と「ソト」の「ソト」が、ここでいう「外部」にあたる。ウチ／ソトの関係が、村の内と外、家の内と外、国の内と外などさまざまな形をとるように、「内部」と「外部」の対立もさまざまなレベルで存在する。「内部」と「外部」があれば、そこには当然、境界が存在する。具体的にいえば、家の入口とか門、峠《とうげ》、川、浜、村はずれ、国境などが境界とみなされることが多い。「結界《けっかい》」という言葉がある。呪術によって境界つまり「外部」と「内部」を作り、その内部を守ろうとする呪的バリアのことである。注連縄《しめなわ》はそうしたもののひとつである。守るためには囲われていなければならない。一カ所でも外部への通路があれば結界は成立しない。

つまり、「内部」とは閉じられた領域であり、たとえていえば、紙の上にどんな形であれ線を引いていって、再び始点に戻ったときにできる内側が「内部」、そうでない開かれた領域が「外部」と理解してもらってもいいだろう。

家程度の広さの「内部」ならば、周囲にしっかりと注連縄《しめなわ》を張りめぐらすことができる。しかし、村のような規模の大きな「内部」となると、それができない。村の入口などに結界のしるしを置き、観念のなかで閉じられた空間であることを認識するわけである。

「ケガレ」（カオス）を浄化する儀礼には、ふたつのタイプがある。ひとつは「ケガレ」の発現を未然に防ごうとする儀礼である。予防注射のようなものである。

これは、まだ「ケガレ」の状態になっていない、つまり「ケ」の状態にある者が、身体や家や集団のなかにたまりつつある「ケガレ」のもとを、「ケガレ」になるまえに祓い落とし、外部へ追放しようとする行為である。節分の豆まきや年の瀬の煤《すす》払い、ドライバーの交通事故防止のためのお祓い、厄年を乗り切るための厄除《よ》けのお祓いなどがこれにあたる。

もうひとつは、すでに「ケガレ」た状態になっているときの浄化の儀礼である。対症療法といっていい。この場合も基本的には前者と同じで、「ケガレ」＝災厄の原因となっている邪悪なものを「外部」へ追い払うことで、災厄を除こうとするわけである。いざなぎ流太夫《たゆう》による病気治療や、金持ちが没落したときに貧乏神などを追い払うために行なう儀礼などがこれにあたる。

『枕草子《まくらのそうし》』では、「心ゆくもの」、つまり心が晴れ晴れして気持ちがいいもののひとつとして、「ものよくいふ陰陽師《おんみょうじ》して、河原に出でて呪詛《すそ》の祓したる」ことをあげている。

ここでいう「呪詛」とは、いざなぎ流的な「すそ」に近いもので、発現して災厄をなしている「ケガレ」というよりも、いま述べたようなまだ発現していない「呪詛《じゅそ》」を含んだ

「ケガレ」、つまり生者や死者の怨念から発生した「邪気」のことである。それを陰陽師が祓い除いてくれたので、清少納言《せいしょうなごん》は「心が晴れた」といっているのだ。

人や社会にとって好ましくない方向への状態変化は、外部のものによって作り出され、好ましい方向への変化は、主として自分たちが主催する儀礼によって作り出される、と考えられていたのである。

呪禁師《じゅごんじ》、陰陽師《おんみょうじ》、密教僧、巫女、神官などといった存在は、そうした浄化儀礼のスペシャリストとして、広い意味での「呪詛祓《すそはら》い」の役割を与えられていたのである。

## 「ケガレ」を祀《まつ》り上げ、棚上《たなあ》げにする

日本には、すでに災厄を及ぼしてしまっている「ケガレ」を祓う方法として、ふたつのものがあった。ひとつは「祀り上げ」という方法で、「ケガレ」のもとになっているものを文字どおり無理やり高い地位につかせてしまおうというものだ。

私たちのあいだで、うるさ型の直言居士《こじ》がけむたがられ、肩書だけは格の高い名誉職にかつぎ上げられてしまうのと同じことである。そもそも、私たちがよく使う「棚上げにする」というのは、神棚に上げることを意味している。

邪気、邪霊のたぐいと「神として祀るから祟《たた》らないでほしい」という約束をかわして、

外部へと立ち去ってもらうわけである。実際には、社や祠《ほこら》をつくってそこに祀り上げる場合と、たんに境界で儀礼を行なって外へ追い出し、祀り上げは観念のなかだけで行なうということもある。

田舎に行くと、よく「若宮様」などと名づけられた小さな祠が村はずれや屋敷の隅《すみ》などに設けられていることがある。こうした若宮の多くは、村びとに憑《つ》いて災厄をもたらした悪霊を祀り上げ、封じ込めたものである。「六部《ろくぶ》殺し」伝説の六部の怨霊《おんりょう》も、若宮として祀られていることが多い。

江戸時代に数多く建てられた稲荷社の多くも、人に憑いた狐を追い出したあと、その狐を神として祀り上げたものである。上野《うえの》寛永寺《かんえいじ》の「お円《えん》稲荷」は、お円という女に憑いた狐を祀ったのがはじまりであった。

こうした祀り上げの最大規模のものが、菅原道真《すがわらのみちざね》の怨霊を神として祀り上げた「北野天《きたのてん》満宮《まんぐう》」であり、映画「帝都《ていと》物語」で一躍有名になった平将門《たいらのまさかど》の怨霊を祀る「神田明神《かんだみょうじん》」もそのひとつである。

「ケガレ」を祓《はら》うもうひとつの手段として、呪術師《じゅじゅつ》が邪気、悪霊に対して強い呪力で攻撃し、撃退する方法がある。下手《したて》に出て祀り上げてばかりはいられない、というわけである。密教の「調伏《ちょうぶく》修法《ずほう》」、いざなぎ流でいう「呪詛返し」(調伏返し)がこれにあたる。

「ケガレ」のもとになっている悪霊の類いを追放したり、悪霊を送りつけてきた張本人を退治したりしてしまおうというのだ。悪霊のほうも強力なパワーをもっているような場合は、退治はしたものの、その魂魄《こんぱく》がなお災いをもたらし続け、やむなく神に祀り上げることもあった。

## 「桃尻《ももじり》」風、清少納言の祓いの儀礼

それでは、どのような祓いの儀礼が執《と》り行なわれたのか。清少納言が『枕草子』二十五段で書き記した悪霊調伏の儀礼をみてみよう。この調伏儀礼は失敗に終わり、清少納言をして「すさまじきもの」（がっかりさせられること）と嘆かせるのだが、ここではちょっと趣向を変えて、橋本治《はしもとおさむ》氏の『桃尻《ももじり》語訳枕草子』（河出書房新社）を引用してみよう。

修験者《しゅげんじゃ》がモノノケを調伏《ちょうぶく》するっていうんでメチャクチャデカイ顔して、独鈷《どっこ》や数珠なんかを持たせて、ミンミン蝉の声しぼり出してお経読んでるんだけど少しもカタがつきそうにもなくって護法童子も寄って来ないからさ、集まって一緒にお祈りしてるんだけど、男も女も「ヘンだなァ……」って思うとさ、時間オーバーまで読み疲れて、「全然憑《つ》かんわ。立ちな」って、数珠取り返して、「あーあ、全然効果がないなァ」ってぶつくさ言って、おでこから上の方に頭撫でて大あくび——自分から先になって、サッサと寄っかかって寝ちゃうの！

いくらとんでいる清少納言といえども、これだけではじゅうぶんに様子を伝えられないと思ったとみえ、調伏法についてこう解説してくれる。

病気になったら修験者を呼んでお祈りしてもらって〝物《もの》の怪《け》〟をはらうっていうのは前に言ったけど、そのことを〝調伏《ちょうぶく》〟って言うのね。独鈷《どっこ》って言うのは密教の道具で、悪魔をはらう武器なんだけどさ、それを前に置いてお祈りするのよね。そうするとさ、そこに〝護法童子《ごほうどうじ》〟っていう、ありがたくってすごい神様がやって来て下さるのよ。物の怪の方はさ、お祈りに押されて病人の体から逃げ出すのね。逃げ出してどこへ行くのかって言うと、修験者が連れてくる〝よりまし〟っていう人間のとこ行くのね。まァ〝よりまし〟は〝物の怪ホイホイ〟みたいな役割の人間のことなんだけどね、その〝よりまし〟についた物の怪をさ、護法童子が来て退治してくれるの。うまく行けばそうだけどさ、下手すれば護法童子も来てくれなきゃ〝よりまし〟にも乗り移らないっていうの、そういうこと。

〝よりまし〟というのは「依坐」と書き、清少納言がいうとおり、病人の身体から引き出した悪霊を一時的に「つける」役割をする者のことで、子どもや女性がよく用いられ、童子の場合は「依童《よりわら》」とも呼ばれた。

護法童子は密教僧や修験者が悪霊を追い出すために用いる「護法」と呼ばれる使役神(使い魔)のことで、童子形であらわされることが多い。陰陽道《おんみょうどう》でいえば「式神《しきがみ》」にあたるものだが、呪詛にはあまり用いられなかったらしい。護法を呪詛に用いたのでは、陰陽道と同レベルの呪詛法ということになり、ニュー・テクノロジーということにはならない。だから、護法の親玉にあたる不動明王をはじめとする五大尊を呪いに動員したらしい。

私の考えでは、この「依坐《よりまし》」は病人の身体の内部を映し出す鏡の役割を果たしている。それも、ふつうでは見えないものまでも映し出す鏡だ。というのは、この悪霊を病人から依坐《よりまし》へ転移させる「駆《か》り移り」と呼ばれる儀礼的行為は、病人の身体のなかに呪術者の判断どおりに悪霊がはいり込んでいたことを、周囲の人びとに確認させるための装置だからだ。

いいかえれば、病気のもととなっている(と思われる)目には見えない邪気、悪霊といった「ケガレ」を、目に見える(と人びとに幻想させる)形にすりかえる、一種の巧妙なトリックといってもいいかもしれない。目に見えるものならば、なんとかすればコントロールできるのではないかと思わせるのである。

要するに、悪霊のたぐいは駆り移されることによって、依坐《よりまし》という鏡のなかに姿をあらわすのだ。そして、依坐《よりまし》の身体をかりて、自分から病人に取り憑いたわけや自分がなんの霊であるのかを告白するのである。

もっとも、そうした言葉は病人の口ではなく、依坐《よりまし》の口をかりて発せられるわけなので、あらかじめ呪術者と依坐《よりまし》が示し合わせて演技することも可能であった。

こうして駆り移された悪霊によって、依坐《よりまし》は悪霊憑きの状態となる。そこで、さらに激しく、ときには暴れ回る依坐《よりまし》を縄で縛りつけて別の部屋に閉じ込めたり、剣や弓などで脅したりして、悪霊が退散するように迫るのである。

もっとも、こうした手の込んだ仕掛けをしなくても、病人自身が憑霊《ひょうれい》状態になることもある。

いまでもときどき報じられる憑きもの殺人で、事件が起きるのはこうした病人の憑霊を追い出そうとするときである。丸太でメッタ打ちにしたり、寒中の氷の張った池へ叩き込んで死に至らしめたという事件記録もある。古式に従って、祈禱師が依坐《よりまし》を用いれば、こうした惨事を防げたかもしれない。

このように、①験者による加持祈禱、②病人からの悪霊駆り出し、③悪霊の依坐《よりまし》への転移、というプロセスを経て、④依坐《よりまし》からの悪霊の駆り出しへと至れば、病人の身体は回復するわけである。

しかし、清少納言の例のように、②と③がうまくいかなかったために④へと至らず、失敗してしまうこともあったのである。そのとき、験者は、必ずやこう説明したことだろう。

「物の怪が強かった」と。

## 呪術師が操る「ケガレ」を視覚化するトリック

いまみたのは、密教の「ケガレ」を積極的に撃退する儀礼のひとつである。これに対して陰陽道ではどうかというと、時代によっていろいろなバリエーションがあるが、典型的な儀礼は次のようなものであった。

まず、1章で紹介したような祭壇を作る。その上にさまざまな神をかたどった御幣《ごへい》を切り飾る。その前に供物を供えたのちに、御幣にそれぞれの神を勧請《かんじょう》する。神おろしである。祭文や経文を読み、悪霊を回向《えこう》し、退散してくれるように頼む。

まずは下手《したて》に出るのである。次いで密教の護法にあたる式神を呼び招き、病人の体内にある悪霊を駆り出させる。もちろんディテールの違いはあるが、ここまでは、密教の考え方と、使役神によって悪霊を駆り出すという点で、基本的に共通している。

この先が密教とは現象的に大きく異なってくる。密教が駆り出した悪霊を依坐という人間につけたのに対し、陰陽道では「撫物《なでもの》」と呼ばれる金属や木などで作られた人形に駆り出した悪霊を吸収させるのである。

これまた目には見えない悪霊を儀礼によって人形に吸収させたと思わせることで、可視的なものへと変換させている点では同じことである。この人形を河原や四つ辻《つじ》などの境界に捨てれば、病人の身体の浄化は完了するという。とくに、河原は「地」と「水」の境界であり、流れる水は強い浄化力を持つと考えられていた。

密教にしろ陰陽道にしろ、その「ケガレ」を祓う儀礼に特徴的にみえる点は、いかにして目に見えない「ケガレ」を人びとの目に見える（かのように思わせる）形にするか、ということに腐心したことである。目に見える形となった「ケガレ」を呪術師・祈禱師がコントロールし、それを境界の外へ退散させたり、捨てたりすることによって、人間や社会集団の浄化・活性化をはかることが狙いだったのである。

## 祭りがみんなを「晴れ晴れ」させる

個人に「ケガレ」があれば、それが寄り集まって形成される集団にも「ケガレ」があるのは当然である。集団にも個人と同じように「ケ」の状態があったり、「ハレ」の状態があったりするわけである。

「ケ」はたいして波風も立たない日常的状態だということはわかるが、「ハレ」と「ケガレ」の状態については、集団の規模によっても変わってくる。ここではまず物部《ものべ》村を例にとって考えてみたい。

物部村では、四つのレベルの「すそ祓い」が定期的あるいは臨時に行なわれていた。個人、家、集落、郷村、の四つのレベルである。

家レベルの「すそ祓い」では、年の瀬に必ず行なう「煤《すす》払い」、節分の豆まき、数年に一度行なわれる家の神や祖先の祭りである「家祈禱《やぎとう》」、そして、疫病が流行したときに疫病が自分の家に侵入するのを防ぐ「祇園天刑星祭《ぎおんてんげしょう》」と呼ばれる疫病祭りなどがある。このいずれもが「すそ」の祓いを含んだ儀礼であり、「呪詛《すそ》の祭文」が読み唱えられる。

これは村レベルの「すそ祓い」についても同じことがいえる。年に一度の村の鎮守の祭りや三十年に一度のわりで行なわれる鎮守の大祭の目的のひとつも、豊作や氏子が息災であったことを感謝するとともに、そのお祭りの日までに村のなかにたまっている「すそ」を祓うことにあるのだ。

さらに、農作物に被害を与える害虫の発生を鎮める「虫送り」や、疫病が流行したときの「疫病神送り」、「雨乞い」や「日乞い」といった臨時的に行なわれる儀礼も、村の秩序を破壊する「ケガレ」=「すそ」を祓う、広い意味での「すそ祓い」であり、浄化儀礼にほかならないのである。

こうした「すそ祓い」の儀礼・祭りは、物部村に限らず、日本全国の村々でさまざまな形態をとって行なわれてきたことであった。いや、現在でも行なわれているといったほうが正確だろう。

社会集団の秩序を脅かす邪悪なもの=「ケガレ」が、集団の内部に侵入してくるのを防ぐ儀礼、あるいは侵入してきた「ケガレ」を排除して集団を浄化する儀礼のいずれもが、「すそ祓い」なのである。清少納言のいうとおり、それがみごとに終了したとき、社会集団のメンバーたちは「心ゆく」、「晴れ晴れ」とした気持ちになった。

祭りそのものが「ハレ」の日ということではなく、祭りがうまくいって社会集団がみごとに浄化されることが「ハレ」なのであり、その結果、祭りがハレとされるのである。

## 天皇に凝縮される国家の「ケガレ」

社会集団の「すそ祓い」のうちで、最大規模のものが「国家」によって行なわれる「祓い」である。それをずっと行ない続けてきたのが、京都に住む天皇であった。

時代により実際に支配の及ぶ範囲は限られていたものの、天下を支配すると考えていた朝廷は、「国家」にたまった「ケガレ」を祓うために、年に二回、六月と十二月の晦日《みそか》に大祓《おおはら》いを、また月々の晦日には「祓い」を行ない、災害や疫病、戦乱などが生じたときなどには臨時の「祓い」を行なった。陰陽師たちに命じて祓いの儀礼を行なわせたのである。

その後、後発の密教寺院側も「祓い」を行なうようになり、その代表的なものとしては、修正会《しゅしょうえ》とか修二会《しゅにえ》と呼ばれる鬼を追放する追儺《ついな》の儀礼を中核とする法会があった。現代では春の到来を告げる行事となった奈良東大寺《とうだいじ》のお水取りも、この修二会の一種である。ほかにも密教の護持僧に命じて、そのときどきの「ケガレ」を祓う調伏の壇法を行なわせたことはいうまでもない。

朝廷がこうしたさまざまな「祓い」の儀礼を執り行なった背景には、自分たちこそが天下の支配者であり、天下に生じた国家を脅かす「ケガレ」を、自分たちが主催する儀礼によってみごとに「祓う」事実を広く知らしめる目的もあった。

ただ、実際には天下あまねくというのではなく、主として天皇が住む京都という空間の「ケガレ」が問題であった。遠い関東や九州の地で起きた局地的な戦乱や疫病の流行は、京都の政治・経済にたいして影響を与えそうにもなければ、ほとんど祓いの対象とはならなかった。肝心なことは、京の都やその近辺に疫病が流行したり、戦乱や天変地異が生じたときが「ケガレ」であり、病気などによって、天皇の身体が具体的に「ケガレ」ることこそが最大の危機だったのである。

簡単にいえば、国家安泰を祈る祈禱、祓いの意味するところは、天皇の安泰、王権の安泰を祈るものであり、天皇の「ケガレ」を除く祓いにほかならなかったのだ。

朝廷が陰陽師を用いて行なった祓いは、観念の上では天下すべてであったが、当時の朝廷が支配する「日本」の国境で儀礼を行なったのではなく、内裏の入口である朱雀《すざく》門や羅生《じょう》門などの境界、あるいは京域の四方の隅で執り行なわれ、「ケガレ」は外部を象徴する空間へと捨てられた。

「七瀬《ななせ》の祓い」とも呼ばれたこうした儀礼では、天皇の身体にたまった「ケガレ」を人形の撫物《なでもの》でなでたり息を吹きかけて吸いとらせ、それを近江《おうみ》や山城《やましろ》などの隣国の川瀬に捨てたという。

こうした地域は、悪霊たちの住む世界とみなされていたということになる。たしかに、天皇はそれで清められたかもしれない。だが、「ケガレ」た人形を捨てられた「外部」に住む人びとはたまったものではない。これは自分の家のゴミを隣りの家に捨てるようなものなのだから。こうした祓いの儀礼はあくまで天皇中心、都中心のコスモロジーによったものであったのである。

考古学者の水野《みずの》正好《まさよし》氏によれば、天皇の「ケガレ」祓いには、金・銀・鉄・木の四種の人形が用いられ、一年に金人形が三百六十四枚、銀人形が三百六十四枚、鉄人形四十八枚、木人形千三百九十二枚、計二千百六十八枚もの大量の人形代《ひとがたしろ》が「ケガレ」として捨てられていったという。たいへんな量である（「招福・除炎」『国立歴史民俗博物館研究報告』第7集）。

さて、ここで注意しておかなければならないことがある。こうした儀礼では、天下の「ケガレ」、すなわち天下触穢《しょくえ》が天皇に凝縮され、天皇の個人レベルの「ケガレ」のようにみなされているが、実は、天皇の身体の「ケガレ」は、国家の「ケガレ」と対応している。つまり、天皇が病気を患うことは、国家が病気になっているということであり、天皇の死は国家の死を意味している。それゆえに、朝廷は異常とも思えるほど天皇の「ケガレ祓い」を行なったのだ。

## 社会的地位が上昇するほど集中する「ケガレ」

天皇にとって、国家にとって、「ケガレ」の原因となるものはなんであったのか。代表的なものとしては天変地異、疫病、そして京都の政権を脅かす戦乱をあげることができる。

そのいずれもが、天皇、貴族を中心とする国家の支配者たちの目からは、「鬼」の出現、

「邪気」や「物の怪」の発生、あるいは「大蛇」（竜神）の怒りなどとして理解されていた。その背景には陰陽道や密教などによる世界理解の方法があった。

たとえば、帝の住む清涼殿《せいりょうでん》に落雷して火災を起こし、藤原時平《ときひら》の命を奪ったとされた菅《すが》原道真《わらのみちざね》の怨霊が、天変地異を発生させる「鬼」としてイメージされていた。また、大江山《おおえやま》を根城にして京の都の美女をさらっていく酒呑童子《しゅてんどうじ》一党も（おそらくは山賊のたぐいだったと思われる）、東北地方でたびたび反乱を起こした蝦夷《えぞ》も、「鬼」と考えられていた。国家にまつろわぬ者、社会秩序を脅かす存在はいずれも、「ケガレ」であり、「鬼」とイメージされ、祓われ、退治しなければならない「すそ」だった。

広い意味での「すそ」のなかには、天皇や貴族の血族・姻族によるきわめて個人的な「呪詛《じゅそ》」も含まれていたし、怨霊の呪いや対立する政治勢力による「呪詛」も含まれていた。

そのいずれもが「ケガレ」であり、「鬼」のイメージをとって出現すると考えられていた。『源氏物語』にみえる葵《あおい》の上《うえ》に憑いて取り殺す六条《ろくじょう》の御息所《みやすどころ》の生霊も、そうした鬼の一例である。

こうした社会集団の上層に位置する存在の「ケガレ」にくらべれば、自分より下に支配する人間がいない社会の底辺に生きる人びとの場合、「ケガレ」の原因はごく狭い範囲のものといえる。

その端的な例が丑《うし》の時《とき》参りのような、ひとりの男をめぐっての呪詛であり、ひとりの男を呪い殺そうとする『四谷《よつや》怪談』のお岩《いわ》の幽霊（怨霊）である。

すなわち、社会的地位が上昇すればするほど、権力が増していけばいくほど「ケガレ」の原因となるものの範囲も増加していくのだ。自分がその地位につくまでのあいだに蹴《け》落とし、葬りさってきた、たくさんの生者や死者の怨念が、彼の周囲を取り囲むことになるからだ。

「物の怪」が、「鬼」が、そして「すそ」がもっとも充満してしかるべき空間——それが内裏であり、貴族の屋敷であり、京都であった。藤原時平《ときひら》や藤原道長《みちなが》、後白河院《ごしらかわいん》などのもとにたくさんの「すそ」が集まっていたのは、当然といえば当然だった。

天皇や貴族たちが、先を競って陰陽師や護持僧と呼ばれた密教僧をおかかえにしたことも理解できる。彼らがもつテクノロジーを独占しようとしたことも。

彼らをして、「すそ」が発現して「ケガレ」にならないよう祈らせた。武士が天皇や貴族たちを敵の物理的攻撃から守るボディガードだとすれば、おかかえの陰陽師や密教僧たちは、神秘的な攻撃から身を守ってくれるボディガードだったのである。

## 日本人は、なにを「好ましくないケガレ」としたのか

この世のなかに、自分が病気にかかって死ぬように祈る儀礼は存在しない。あるいはまた、自分の家が破産し、子孫が絶えることを進んで望む儀礼や、自分たちが住んでいる村が疫病に襲われたり、災害で消滅することを祈る祭りもないはずである。これは、あたりまえといえばあたりまえのことである。

人は自分の身体や自分が好ましいと思っている帰属集団に「ケガレ」を侵入させる目的で祭儀を行なったりはしない。自分（たち）に好ましくない「すそ」を祓うためにこそ儀礼・祭祀は執り行なわれる。

なぜこんなわかりきったことをあらためていうかというと、人間とりわけ日本人の社会集団は、自分たちの社会秩序を維持するために、なにを「好ましくないケガレ」として「外部」へと捨て去ってきたのか、を考えてみたいからなのである。

平安時代のころは、外部から侵入してくる「ケガレ」は「鬼」と表現されていたと述べた。この時代の鬼は、一般的には目に見えない恐ろしい存在とされていた。

ちなみに、十世紀前半に書かれたわが国最初の辞書である『倭名類聚鈔《わみようるいじゆうしよう》』にも、「鬼は物に隠れて顕《あら》はるることを欲せざる故に、俗に呼びて隠《おん》といふなり」と解説されている。

また、『堤中納言物語《つつみちゆうなごん》』でも、鬼は人に見えないのが好ましいと評されているし、宮廷の

追儺《ついな》でも、当初は、赤と黒の衣裳で戈《ほこ》と盾を持った恐ろしい形相の方相氏《ほうそうし》が登場して、目に見えない邪気を追い払う所作を行なったという。つまり古代では、鬼は形がはっきりしない邪気のたぐいだったのである。

これが中世になると、鬼が人びとに目撃され、姿かたちが語られ、絵画に描かれたり、夢のなかにも登場するようになる。鬼たちは、中世の修正会や修二会などの儀礼のなかにも姿かたちをもって登場することになったのだ。

宮廷の追儺の儀礼にも、どこでどう間違ったのか、邪気を祓う方相氏が、邪気をあらわすもの、追い払われるものになって登場したりもしていたが、いずれにしても鬼が人によって演じられ、その演じられた鬼を追放することで「ケガレ」が祓《はら》われ、「ハレ」がもたらされると考えられるようになったのである。

なぜ、このような変化が生じたのか。人間にとって恐ろしいものが見えないことほど恐ろしいものはない。見えない鬼＝ケガレをなんとか見えるものに変えて、儀礼によって制御できるものにしようとしたのである。たとえば、エイズは原因不明、治療不可能とされたからパニックが起こったのである。それがウイルスによるものだとわかってからは、あと何年かすれば近代医学がきっとなんとかしてくれるにちがいないと考えて、ホッとしている人も多いはずである。これと同じことである。

## 「鬼」の登場──「見えないもの」を「見えるもの」にするトリック

この見えない「鬼」から見える「鬼」への変化は、きわめて重大な意味をもっていた。人びとは、鬼＝ケガレが見えないときには、見えない敵を相手にして追放の儀礼を行なわなければならない。

たとえば、追儺の民間版である「節分の豆まき」で、「鬼は外、福は内」と叫んで豆をまいたとき、鬼は見えないし、福の神も見えないので、家じゅうくまなく豆をまかなければならない。第一、見えない相手ではいまひとつ盛り上がらない。一人芝居のようなものだ。

ところが、誰かが鬼の面をかぶって鬼の役を演じてくれるならば、豆をまくほうもぶつける相手がいる。豆をぶつけられた鬼が、悲鳴をあげて逃げ回り、家の外へ出ていってくれれば、それによって家から「ケガレ」がなくなったと考えることができる。演じられた鬼が「ケガレ」を象徴し、それを家から排除することで「ケガレ」が排除されることになるのである。

ここで、ケガレ＝鬼祓いの儀礼を整理してみよう。まず、見えない鬼を見えるものと幻視させて、それを追放する儀礼があった。密教の「物の怪調伏」で依坐《よりまし》にケガレ（鬼）をつけて祓ったりする儀礼がそれである。それと同時に、「ケガレ」を形象化するものとして人形がある。陰陽道がよく用いた「撫物」や「呪詛人形」がそれだ。

また、怨霊となった斎藤実盛《さいとうさねもり》が農作物を荒らす虫を発生させるというので、実盛人形というものを作って村の外へ送り捨てたり、盗人に見立てた人形を送り捨てたりする、民間でみられる儀礼も、これと同質の思想に基づいている。いずれも「ケガレ」を形象化したものなのだ。

「ケガレ」を形象化した、いわば鬼人形が作られて捨てられるいっぽうで、さらに過激な形式、誰の目にも「ケガレ」の存在をわからせる形式として、特定な存在の人間に鬼の役割を演じさせるようにもなった。

人形は動かない。しかし、人間が鬼の面や衣裳をつけて儀礼に登場すれば、リアリティも増そうというものだ。紙芝居よりテレビ・アニメのほうが迫力があるにきまっている。その鬼は自由自在に動き回り、なによりありがたいのは退散してくれることである。

かくして、中世になると、宮廷や寺院の追儺の儀礼に、捨てられる「ケガレ」を象徴する鬼に扮《ふん》した者が登場するに至ったのである。

この鬼は、いっぽうでは内裏《だいり》や京の内部や国家の内部に侵入している「ケガレ」を象徴する恐ろしい存在だが、他方ではその「ケガレ」を外部へと運び出してくれるありがたい存在でもあった。つまり、儀礼によって退散していったまさにそのとき、恐ろしい鬼は好ましい鬼に変わるというわけである。

民俗学者の多くは、鬼はもともと福をもたらす神であったものが、時代とともに邪悪な神にされてしまったのだという。そうではないのだ。鬼はもともと邪悪な存在であった。それが福神にみえるのは、こうした鬼の儀礼のダイナミズムがあったからなのである。「ケガレ」を吸い取ってくれるから、鬼は福神にみえるのだ。

たとえば、今日でも人びとは、修正会(修二会)に登場する鬼を、恐れながらも喜んで迎え、競ってその身体に触れようとする。その鬼が触れた人の「ケガレ」を吸い取ってくれるからである。要するに、鬼は動く「撫物」であり、「すそ人形」なのである。この鬼が儀礼の場から消え去ったとき、人びとの身体や社会が「ハレ」となるわけである。

## 誰が「鬼」を演じ、祓い捨てられたのか

それでは、「ケガレ」を吸い取る鬼を、誰が演じたのだろうか。人びとや社会を「ハレ」の状態にするために、「ケガレ」を一身に引き受ける役割を演じさせられたのは誰なのだろうか。

中世の京や地方の有力寺院では、鬼役を演じる人びとが定められていたらしい。しかも、

多くの場合、鬼役は、人びとが目に見える「ケガレ」として忌み嫌う事物を取り扱う人、すなわち死体の埋葬や死んだ牛馬の処理などに従事する、「賤民」の身分にあるような人びとであった。つまり、当時、賤視《せんし》され、差別された人びとに鬼役を演じさせたのだ。

しかし、彼らは鬼役だけを演じさせられたわけではない。鬼を追い払い、人びとに福をもたらす福神をも演じていた。たとえば、京の祇園社に隷属《れいぞく》する犬神人《いぬじにん》（下級神官）の例をみてみよう。彼らは、毎年元日に天皇が清涼殿東庭で四方拝を行なっている時刻に、禁裏の日華門の外に赴いて毘沙門経《びしゃもんきょう》を唱え、翌二日の夜には、愛宕寺《おたぎでら》修正会に赴いて門や扉、床、壁などを呪的な杖（牛王杖《ごおうづえ》）で叩き鳴らした。寺の僧は、その間に門や堂の外側などに鬼の侵入を防ぐ牛王札（護符）を貼りめぐらしたという。

この犬神人たちが堂内に入れてもらえずに、外で騒ぎたてるパフォーマンスは、「熊野《くまの》の本地」で、九千九百九十人の鬼に扮《ふん》した女たちが五衰殿《ごすいでん》に押しかけ、騒音をたてておめき騒いだ光景とほぼ一致するはずである。犬神人は鬼を演じ、牛王杖を叩いて鬼が出現する音を出していたのである。

このあと、犬神人たちは、「懸想文《けそうぶみ》」と呼ばれる福をもたらす護符を売り歩いた。この護符は、正月の夜のどんど焼きの火で燃やすと願いがかなうと信じられていた。

要するに、鬼を演じることで「ケガレ」を除いた犬神人は、そのあとで「福神」として登場するのである。能のもとになった猿楽が、寺社の修正会に関係し、しかも、邪悪な鬼と祝福する神としての翁《おきな》のふたつの役目をとりわけ重視していたのも、こうしたことから読み解くことができるだろう。

こうした鬼役を演じさせられる人びとは、近世になるとさまざまな形をとって民衆の前に姿をあらわすことになる。

大晦日や正月六日、節分などに、厄年の人が神社に参詣して厄落としをする身代わりとして、賤視されていた願人《がんにん》坊主（乞食僧）が「御払いましょ、厄落とし、御払いましょ、厄落とし」と呼びかけながら町じゅうを歩き回り、小銭をもらって人びとの厄（ケガレ）を一身に背負ったのがそうした例である。

また、高岡弘幸《たかおかひろゆき》氏は、次のような注目すべき事実を明らかにしている。近世の大阪では、風邪などの疫病が流行したときに、風の神を追い払う儀礼が町ごとに行なわれ、風の神をかたどった大きなワラ人形や鬼の人形を作って町の外に送り出した（「風の神送ろッ」『これは「民俗学」ではない』福武書店）。

このとき、すさまじいことに、町によっては「賤民」をやとって風の神に見立て、橋の上から突き落としたりしたというのだ。これも「ケガレ」を引き受ける鬼の役を人間に演じさせた一例だといえる。

以上のことから明らかになるのは、日本の中世は、社会のなかに鬼を演じる人を作り出し、彼らに「ケガレ」を託して差別し、賤視した時代だったということである。そして、近世になってもそうした思想がなお生き続けていたのだ。

はっきりいってしまえば、天皇や貴族たちは、自らをつねに「ハレ」の状態にするために、「ケガレ」として祓い捨てていく存在を作り出したのである。

だからこそ、「鬼」の役を演じる賤民たち、市中を清掃する「清目《きよめ》」たちは、天皇・貴族に必要不可欠な存在でありながらも厳しく管理され、遠ざけられたのである。

そして、こうした「ケガレ」=「鬼」とする文化を作り上げたのが、天皇や貴族たちにやとわれた「御用学者」たる陰陽師や密教僧たちの、「邪悪なるもの」をめぐるコスモロジーであった。彼らは、観念の上のみならず、現実社会のなかにも鬼を作り出してしまったのである。

## 「ケガレ」発生の原因は為政者にある

なぜ、日本の支配者たちはかくも「ケガレ」を祓うことにこだわったのか。この疑問に答えることは、とりもなおさず私たちの社会の基底をなしている構造を解明していくことにほかならない。それはなにか。

上は国家レベルから、下は村落共同体、さらには家に至るまで、社会集団は誰が支配者になろうとも、支配者に不可欠な任務として課していることがある。

たしかに、支配者は社会集団の代表である。集団を集団として維持するための権力を所有し、その権力を行使して集団のメンバーにさまざまな法を課し、抑圧し、富を搾取する。ただ、支配者にどれだけの権力を与えるかは、集団構成員の暗黙の了解によって決められている。

だから、支配者はまったくの私利私欲だけで権力を行使するわけにはいかない。しようとしてもそうはさせないようなシステムになっていて、私利私欲のみに走った（とみなされた）とき、支配者は遅かれ早かれその地位から追い落とされる運命にあるのだ。

このシステムが、これまで述べてきた「ケガレ」の浄化システムである。支配者自身が社会集団にたまった「ケガレ」を祓うための対象となってしまうのである。社会集団の構成員が支配者の不可欠な任務として期待しているのはこれとは逆のことで、支配者とは、社会集団の秩序を脅かすあらゆる「ケガレ」を浄化する能力の持ち主でなければならない。もちろん、そうした能力は現代の支配者たちにも期待されていることはいうまでもない。

しかし、かつての支配者に期待されていたことは、その比ではなかった。むかしの人びとが自然界と人間界をまったく断絶したものと考えていたわけでもないし、合理的思考と神秘的思考を明確に区別していたわけでもないので、はたしてこういう表現が適切かどうかは疑問だが、ありていにいえば、かつての支配者は、人間関係から生み出される社会秩序を破壊しようとする「ケガレ」とともに、自然界に生じた「ケガレ」をも浄化しなければならなかったのである。

支配する社会集団の内部で武力衝突や殺人、放火、盗みなどが起こり、それが集団のメンバーたちに「ケガレ」とみなされたときには、自分には関係ないこととしてすませるわけにはいかないのだ。

しかも、日照りや長雨が続いたり、地震や洪水、疫病などが発生したときにも、そうした「ケガレ」を浄化することが期待されたのだ。ここで注意したいのは、こうした支配者の「祓い」が、社会にたまっている「ケガレ」を真に祓おうとするものと、そうした祓いをせずに、見せかけの祓いでごまかしてしまうものがあり、儀礼はいわば「ごまかし」という側面もかかえもっていたのであった。

そして、有能な支配者は、社会や自然の秩序が侵されたとき、すなわち「ケガレ」たときには、その「ケガレ」を社会の外部に排除して、社会を浄化できる存在でなければならなかった。

それができなければ、自らの立場が危うくなり、支配も貫徹することができなかったのだ。支配者たちはその双方の「ケガレ」祓いの儀礼に腐心したのである。

## 「右手に剣を、左手に数珠を」

遠くはるかむかしの支配者は、みずからが社会と自然の双方にかかわる「ケガレ」の予防と浄化の能力を所有していた。シャーマン王とか祭司王と呼ばれる存在である。記紀によれば第十代とされる崇神《すじん》天皇が、災害がしきりに起きたので、「沐浴斎戒《ゆかわあみものいみ》して、殿《みあらか》の内を潔浄《きよまわ》り」したのち、自分の神祭りはまだ不十分なのかと大物主神《おおものぬしのかみ》に祈願して霊夢を乞うたところ、その夜の夢に大物主神があらわれて、自分の子である大田田根子《おおたたねこ》に自分を祀らせれば、たちどころに天下が平らかになるだろう、と託宣したという。

また、みずから密教僧の衣裳をつけて護摩壇に登り、鎌倉幕府転覆の調伏を行なった後《ご》醍醐《だいご》天皇などは、こうしたシャーマン王としての天皇を体現したといえる。

しかし、そうした能力や知識は個人的な資質に左右される。誰もがシャーマンになれるわけではない。失敗すれば、支配者としての能力が問われ、失脚する。上代の天皇が一族で争っているのは、見方によれば天皇自身の呪力が問われていたからである。超能力をもたない天皇は、それを所持する皇族に追い払われてしまう。

そこで、古代の律令体制以降、支配者は社会秩序と自然秩序の双方の支配者であること

鎌倉幕府を呪詛調伏したといわれる後醍醐天皇（東京大学史料編纂所模写）

を象徴する神器（たとえば、草なぎの剣は、スサノオに退治された八岐大蛇《やまたのおろち》＝「自然」の象徴の体内から取り出されてアマテラスに献上されたものであった）を所有するいっぽう、実際は強力な武装集団と外来のハイテクを駆使する呪術集団をかかえ込み、その「力」によって社会に生じる「ケガレ」を予防し、発現した場合には浄化しようとした。

イスラム教が「右手に剣を、左手にコーランを」というがごとく、支配者というのは右手に弓矢や刀を、左手には御幣や数珠などを携えていたのである。しかも、弓矢や刀を使うのも、御幣や数珠を携えるのも天皇自身ではない。その分身たちであった。

呪力の区別のしかたは現代の視点からのものであり、実際には武力集団と呪術集団を明確に区別することはできない。奈良時代の呪禁師《じゅごんじ》は、病気をなおす呪術師であると同時に、弓や剣で攻められても身を守ることができる術を心得た「兵士」でもあった。

これは、武士と呪術師が支配者の守護を役割分担するようになった平安時代や中世においてもみられることであった。平安時代、禁中警団の役目にあたる滝口《たきぐち》の武士は、武術だけではなく、物の怪を退散させる鳴弦《めいげん》の儀礼にも従事していたし、同じく御所の警備を任務とする所衆《ところしゅう》も、他方では宮中の「煤《すす》払い」の役についていたのである。

さらにいえば、伝説のなかに登場する源《みなもとの》義経《よしつね》なども、武芸はもちろん、呪術にも長《た》けた英雄として描かれており、武田《たけだ》信玄《しんげん》が、熱心に飯綱《いずな》の法を修したというのも、そういうことであった。

じつは武士も呪術師も「ケガレ」を調伏・退散させる能力を所有するスペシャリストとして、きわめて近い地位にあった。だからこそ、武士は陰陽師とともに鬼退治に出撃したのである。

私たちがよく知っている伝説に、大江山の酒呑童子を退治する源頼光《らいこう》一党の物語がある。歴史学者の高橋昌明《たかはしまさあき》氏は、この物語を記した最古の『大江山絵詞《えことば》』に「正暦年中に都鄙《とひ》（都と村）の貴賤をうしなひ遠近の男女をほろぼすことあり」と年号がはっきり書かれているところから、この伝説は大流行した疫病を鬼の仕業と考えたことから生まれたものだろうと述べている（『酒呑童子の誕生』中央公論新社）。

しかも、このころ、安倍晴明《あべのせいめい》の勘申《かんじん》（朝廷から依頼された占いの答え）によって仁王経《にんのうきょう》が修されたり、臨時の大祓いや大赦などがなされたというから、この説は大いに説得力がある。

酒呑童子退治伝説の原像が、疫病送りの祓いであるにせよ、山賊退治あるいは地方で反乱を起こした政治勢力の討伐であったにせよ、支配者はそのいずれもを「ケガレ」として鎮め浄化しなければならなかった。それができなければ支配者とはいえなかった。怨敵調《おんてきちょう》伏《ぶく》は、そのためになされたのだ。

さらに注目すべきは、御霊《ごりょう》信仰の流行、流布がよく物語っているように、人びとは社会の混乱や天変地異が発生する原因は、支配者たちの支配のあり方、権力行使の失敗、誤りにあると考えたことである。

菅原道真や平将門、あるいは崇徳院《すとくいん》や藤原頼長《よりなが》の怨霊の祟りが、一連の天変地異や疫病を引き起こして、社会に「ケガレ」を満ち満ちさせているのだ、と。そして、それを生み出したのは為政者なのだ、というわけである。

## 権力は、呪術によって支えられている

支配者に課せられた「ケガレ」を清める責任は強化され、彼らはいままでみてきたようにさまざまな形での祓いの儀礼、調伏の儀礼をその道のスペシャリストに頼むことになった。

人びとは、支配者に対して「正しい」すそ祓いを求めていた。自分たちの苦しみを救ってくれることを求め、それに応えるのが支配者であると思っていた。そのための呪力を所持しているのが支配者なのだ、と。しかし、支配者は人びとのそうした希求に応えられないとき、とんでもないすそ祓いに及んだ。弾圧である。人びとを物理的に抑圧したり、怨敵とみなして調伏したのだ。

たとえば、文明《ぶんめい》元年（一四六九）、真言《しんごん》宗醍醐派の総本山・醍醐寺の荘園で農民たちが蜂起した。寺側はこれを鎮圧するために執金剛神《しっこんごうしん》を押し立てて農民たちを調伏した。すると、蜂起した農民が次々に病死したので、寺側は調伏の効果ありと大喜びした、と伝えられている。民衆は物理的・暴力的権力のみで支配されていたわけではなく、このような調伏の恐怖、より強力な宗教的・呪術的権力によっても支配されていた。

権力は呪術によって支えられていたといっても、けっして過言ではないのだ。権力者がこうした呪術を独占し、政敵に用いられないようにしたのは当然のことなのである。織田《おだ》信長《のぶなが》は諸国の仏像や神像を自分の周囲に集めるとともに、敵対する宗教・呪術勢力を激しく弾圧した。これは秀吉《ひでよし》も家康《いえやす》も同じであった。

## 「ケガレ」を祓う「ガス抜き」の儀礼

こうした祓いの儀礼、調伏の儀礼は、なにも天皇や貴族や武士などの支配者のためだけの儀礼だったわけではない。支配者たちは表面的には自分たちだけの身を守るために祓いをしているかにみえるが、その身を守るためには、彼らが支配している社会全体を清めなければならないのだ。

そのために彼らは、自分の祓いだけではなく、社会集団や国家の祓いを執行したのである。生活を守ろうとする庶民、つまり支配者に「ケガレ」祓いの執行を期待する人びと全体の「ケガレ」祓いの儀式でもあった。疫病は支配者だけではなく民衆にも襲いかかったし、戦乱は民衆の生活をも苦しめた。それを鎮め清めることのできる支配者こそが良き支配者であり、それができなくなったとき、人びとは支配者を批判し、交代を望んだ。

だからこそ、大寺院の修正会や修二会、祇園祭りなどが人びとによって支持され発展されてきたのだ。と同時に、人びとがこうした社会の「ケガレ」浄化の儀礼に参加することによって、人びとの心や身体のなかにたまっていた、もろもろの「ケガレ」もまた、祓い清められ、「ハレ」の状態となり、社会の支配者にとっては、それこそこの上もない浄化として機能した。儀礼によっていわゆる「ガス抜き」がなされるわけである。

こうした「ガス抜き」は、儀礼としてのすそ祓いだけだったわけではない。時代が下るにつれて、多様化しながらさまざまな「ガス抜き」システムが作り出された。ばくち、売春、芸能、さらにはスポーツ、旅行——こうしたものは、もともとは神事、儀礼と深くかかわったものであり、ひとことでいえば社会的「すそ祓い」であった。人びとは、自分たちの生活を維持するために、自分たちの力で「すそ祓い」を行なってきたのである。

このような個人レベルの「すそ祓い」ではどうにもならないような大規模な「すそ」もある。社会そのものにたまっている「すそ」である。現代に生きるあなただったら、なにを思い浮かべるだろうか。そもそも、そうした「すそ」を祓うのが支配者の責任であり、それができないときには、支配者としての地位そのものが危うくなるはずである。

## 「スケープゴート」を生み出す「フェイルセーフ」機構

支配者たちが作り出した「ケガレ」追放のシステムは、それだけではなかった。彼らが主催する「ガス抜き」の儀礼が、つねにうまくいくとは限らなかった。いくら「ケガレ」祓いの儀礼を行なっても、戦乱や天変地異がうち続くこともあった。もちろん、支配者自身の病気もいっこうによくならないこともあったのだ。

そのときはどうしたのだろうか。その典型的例がいわゆる「徳政」であった。

徳政とは民衆が喜ぶようなまつりごとを行なうことであって、犯罪者を釈放したり、倉を開いて食べ物や衣服を分け与えたり、借金を棒引きにしたり、売り払った土地をもとの所有者に返したりすることである。中世の徳政一揆《いっき》とは、こうしたことを支配者たちに期待して民衆が蜂起した事件であった。

しかしながら、支配者たちは、そうした民衆の期待される支配者像にいちいち応えているわけにはいかなかった。そこで用意されたのが、二重三重の「ケガレ」追放のシステムである。現代でいえば、フェイルセーフの機構にあたるかもしれない。

これは、アポロ宇宙船に取り入れられて有名になった設計思想で、構造物の重要な部分はひとつではなく複数にしておき、ひとつが壊れても（FAIL）、ほかの機構が作動して、システム全体の安全（SAFE）を保つというものである。

本来、支配者たる天皇の基本的属性として、天変地異の発生を防ぐ自然を制御する能力や、天変地異を引き起こすと考えられていた御霊《ごりょう》の発生を防ぐ為政が期待されていた。天変地異が発生したときには、当然、天皇の支配者としての能力が問題となった。

ところが、実際には、天皇自身の問題ではなく、天皇がかかえている武士や呪術師たちの能力の優劣に転嫁してしまうシステムが作り上げられていたのである。昭和天皇が十五年戦争遂行の最高指導者であったにもかかわらず、軍部の指導者の責任だけが問われたのも、そうしたシステムによるものであったといえるかもしれない。

こうしたスケープゴートのシステムは、ほかにもある。たとえば、犯罪が多発するのはそうした社会の状況を作り出した為政者の政治責任なのに（もちろんそれだけではないが）、支配者は犯罪者を処罰さえすれば社会の「ケガレ」が浄化できると装ったり、犯人がみつからなければ、「犯人」をでっち上げて浄化したことを装ったりする方法がそれである。

その意味で、私たちはかつての冤罪《えんざい》事件の教訓を、たんなる現場捜査員のミスなどということではなく、もっと深い視点でとらえる必要があるし、いくら悪徳商法や地上げ屋を摘発してみても、現代日本社会の「ケガレ」のもととなっている「持てる者」と「持たざる者」の格差が鎮まるわけではないのだ。

追儺の儀礼などで鬼を演じさせられた人びとも、こうしたスケープゴート・システムの一翼を担わされた。彼らは、支配者の負＝「ケガレ」の部分を引き受け、社会から追放される役割を演じさせられた。支配者は「ケガレ」を鎮め、清めるための「生贄《いけにえ》」として賤視された人びとを機能させていたのだ。

## 神仏までもが「スケープゴート」にされる

兼好《けんこう》法師は、『徒然草《つれづれぐさ》』第二百三段に、こんな話を書き留めている。

勅勘《ちょっかん》（天皇のおとがめ）を受けたところに靫《ゆき》（矢を入れて背に負う筒）をかけることは、もう現在では絶えてしまって知るものはいない。帝が病気になったり、世の中が騒々しくなったときに、五条の天神や鞍馬のゆき（靫）の明神は、靫をかけられる神であった。

検非違使《けびいし》庁の看督長《かどのおさ》（現在でいえば警視庁の捜査課長にあたろうか）がおとがめを受けた家に背負ってきた靫をかけると、その家は人の出入りをすることができなくなった。こうした習慣は今では絶えて、現在ではただ封をつくる（閉門のしるしの紙を貼る）だけになってしまった。

歴史学者の瀬田勝哉《せたかつや》氏は、こうした作法は次のように読み解かれるべきだという。天皇が病気になったり社会に争乱などが生じたとき、つまり天皇や国家に「ケガレ」が生じたとき、この「ケガレ」＝罪を引き受けさせられる神として、鞍馬《くらま》の靫明神や五条《ごじょう》天神が定められており、天皇はこの神を京都の外に一定の期間流罪にすることで、「ケガレ」を祓い清めたのだという。

いうならば、これらの神々は、天皇の「ケガレ」を吸い取って京外へと流し捨てられる「撫物《なでもの》」、賤民によって体現された鬼に相当する神仏なのである。神仏までもがスケープゴートにされたわけだ。

靫《ゆき》をかけられて封鎖されている期間は、「ケガレ」を背負わされた神々が京都の空間外部を祓いのために放浪している期間であり、祓いの旅を終えて神々が都に戻ってきたときが天皇や国家が「ハレ」の状態に戻ったときであり、靫《ゆき》が取り除かれるときでもあったのだ。

説経節の代表作『小栗判官《おぐりはんがん》』の物語も、こうした天皇の「ケガレ」浄化の信仰や民衆の遍歴の信仰をふまえて作られたものであったらしい。この物語の内容から、いままでの議論にそって肝心なところを指摘すると――鞍馬の申し子としてこの世に生を受けた二条《にじょう》大納言の子ども小栗判官は、深泥池《みぞろがいけ》の大蛇と夫婦になる。

すると、天変地異が生じて、帝の住む御所も長雨のために危険な状態になったので、この原因を陰陽の博士に占わせる。博士は、小栗判官が大蛇と契ったためだ、と判定したので、小栗判官は常陸《ひたち》国へ流されてしまう。小栗判官の〈村はちぶ〉と長い遍歴の旅はこうして開始される。

彼は地獄に落ち、餓鬼《がき》身《み》としてこの世に蘇生して遍歴を重ね、熊野の聖なる湯（温泉）、清めの湯でもとの身体を回復して都に戻ってくる。このとき、家族は喜んで彼を迎え入れる。

この物語の発端の部分を天皇の「ケガレ」という観点からみると、天皇は天変地異という「ケガレ」を清める役割を負っており、その「ケガレ」の原因として陰陽《おんみょう》博士の力をかりて小栗判官を選び出し、彼を京という共同体から追放することで「ケガレ」を浄化した、とみなすことができる。小栗判官は陰陽師が占いで発見した帝＝国家にとっての「ケガレ」＝鬼であり、流罪になった小栗は天皇の「撫物《なでもの》」なのである。要するに、小栗は天皇を守る陰陽師によって「すそ祓い」された。

いわゆる「貴種流離譚《きしゅりゅうりたん》」と称される流罪になって各地を放浪する貴族の物語は、帝＝国家が仕掛けた「すそ祓い」によって、京の外へ祓い捨てられた貴族の物語だといっても過言ではない。小栗が鞍馬の申し子であり、鞍馬の毘明神が「ケガレ」を負わされる神であったこと、そして鞍馬には鬼とみなされた下級の陰陽師法師がおり、その子孫が江戸の町の人びとの厄を身代わりになって引き受ける願人坊主であったことなどを考え合わせると、そう考えるのが妥当であろう。

## 次に「御祓《おはら》い箱」にされるのは誰か

国家の支配者としての天皇について述べてきたが、こうした属性は村落共同体の支配者たちにもみられた。村の支配者は長雨や日照りが続いたとき、これをコントロールするために日乞いや雨乞いの儀礼を指導し、そのためにむかし話や伝説のなかでは、自分の娘や旅人を竜神に生贄として差し出している。

なぜ、村の支配者が雨乞い、日乞いを行ない、娘を犠牲にまでしなければならないと考えられたのか。いうまでもなく、支配者は社会の秩序とともに、自然の秩序をもコントロールできなければならないとされていたからである。事実、江戸時代の代表的義民として名高い佐倉宗五郎《さくらそうごろう》のように、ほんとうに村の秩序を回復しようと苦労を重ねた支配者＝指導者たちは、自分自身を生贄にしてまで村落の「ケガレ」を祓おうとした。

いっぽうでは、いわゆる「盗人《ぬすっと》送り」や「疫病送り」あるいは「憑きもの筋」などといったスケープゴートのシステムを巧みに利用して、自分自身が負うべき「ケガレ」を他人に転嫁して自分の保全をはかるような支配者、指導者たちもたくさん存在していたのだ。

こうしたスケープゴートを作り出して祓い捨てるシステムを、私たちはたんに歴史社会、民俗社会だけのものとしてすますことはできない。権力を維持し、社会集団の「ケガレ」を祓うシステムは、確実にいまでも存在しているのだ。

疑獄事件に関係しても、「みそぎ祓いは終わったから」といえば、国会議員にも当選できるし、学校における「いじめ」の問題や、企業や官公庁などでよくみられる〝とかげのしっぽ切り〟も同じような構造によるものだといえる。また、かつて私たちの社会集団が関東大震災という天変地異に見舞われたとき、なにが「ケガレ」祓《ばら》いの対象とされたのか。あるいは、敗戦という国家としての巨大な「ケガレ」をかかえこんだとき、私たちはいったいなにを祓い捨てて「ハレ」＝新しい社会を作り出そうとしたのか、「呪い心」が社会のなかに充満しているかに思える現代において、もう一度考えてみる必要があるのではないだろうか。

# エピローグ――「人を呪《のろ》わば穴ふたつ」

現代社会に生き続けている「呪い」信仰や「呪い」症候群《シンドローム》に興味を覚えた私たちは、高知県物部《ものべ》村に伝承されている、いざなぎ流「呪詛《すそ》の祭文《さいもん》」や祈禱師が行なう式神《しきがみ》操縦法である「式法《しきほう》」についての実地調査をバネにして、日本の「呪い」の文化史、「呪い」信仰のシステムを解き明かしてきた。

その果てにたどりついたのは、個人の次元から大小さまざまな社会集団、そして国家の次元に至るまで、あらゆるところに見出される「祓《はら》い」＝浄化のシステムであった。

この「祓い」という観点から「呪い」をながめ直したとき、「呪い」信仰の意味は、これまで読者がいだいていた印象とは、かなり違ったものになるはずである。「呪い」は、個人あるいは社会集団が、「ケガレ」として祓い捨てるべきもののレパートリーの一角を構成する、きわめて強力な「ケガレ」の原因だったのである。

また、「祓い」の視点に立つことによって、「ケガレ」の原因としての「呪い」には、生者の呪いだけでなく、神仏の呪い（祟《たた》り）や死者の怨霊《おんりょう》の呪い（祟り）もあり、とりわけ日本では、怨霊の呪いが恐れられていた。それにくらべれば、生者の呪いなど大したことではなかったのかもしれない。怨霊は天変地異をひき起こし、疫病を流行させ、農作物を枯らしたり、収穫量を激減させる害虫を発生させ、しかも大量の人びとの命を奪うことができたのだ。これにくらべれば、生者の「呪い」は、怨敵調伏《おんてきちょうぶく》・敵国調伏などといっていくらがんばったところで、ひとりかふたりを殺そうとするのが精一杯だった。

しかも、怨霊や神仏の「呪い」に対して、生者は「呪い返し」で対抗することができなかったのだ。もちろん、神仏に対して、中世の人びとのように「呪いのパフォーマンス」をすることはできた。しかし、たいした効果は期待できなかった。生者は怨霊を呪殺できないのだ。というわけで、生者は神仏や怨霊の呪いに対しては、ひたすらその「ケガレ」をあの世へと祓い捨てるか、祀《まつ》り上げるしか対処の方法がなかったのである。

これに対して、生者の「呪い」は、祓い捨て、送り鎮める以外に、敵よりも強力な「呪い」によって、敵を呪い殺すことができた。「呪い返し」はすなわち「祓い」でもあったわけである。

もうひとつ重要なことがある。「呪い」は、個人の心のなかに生じた怨念の浄化にとどまらず、呪ってもいない人間を、「呪いのパフォーマンス」を行なった犯人にでっち上げるシステムを生み出したことである。つまり、ある日突然、あなたが誰かを呪った、集団を呪った、国家を呪ったと告発され、有無をいわせずあなたを祓い捨ててしまうシステムを作り出してしまったのだ。「呪い」信仰とは、このような複雑で恐ろしい「祓い」のシステムでもあったわけである。そのためだろうか。「人を呪わば穴ふたつ」といいならわされているように、呪いをかければ、その呪いが自分に返ってくるぞといって規制をかけていたのである。

もちろん、現代は、「呪い」は効かないことになっている。読者は、「呪い」信仰が衰退し、効果なしとされている現代に生まれたことを幸せに思っているかもしれない。しかし、私にはそれを心から幸せなことだとは思えないのだ。というのは、「呪い」は、個人や社会集団の浄化のシステムであり、それは別の表現をすれば、ネガティブな形をとった人間同士のコミュニケーション、つまり人間を互いに規制する倫理的なコードのシステムだったとも思うからである。それを失った私たちは、どのようにして、人間であるかぎり心のうちに生じざるをえない怨念を浄化したらいいのだろうか。

たしかに、「呪いのパフォーマンス」なき〝呪い〟が、現代でもさまざまな形で表出しているし、儀礼なき〝祓い〟も、陰に陽に行なわれている。しかし、その〝呪い〟や〝祓い〟は、人間を救うものというよりも、人間をますます奈落《ならく》へと引きずり込んでいくようなものにみえるのだ。もし、呪いが効くのであれば、私たちは横暴な権力者を呪うことができるし、権力者のほうもそれを恐れて自己規制もするだろう。三角関係がこじれたときも、刃物を振り回すまえに、呪いのパフォーマンスが怨念を浄化してくれるかもしれないのだ。

いま、人びとの関心は、効かないはずの「呪術」に、「呪い」に再び向かいつつあるかにみえる。人びとは、そのような「呪い」のなかになにをみようとしているのだろうか。

# 文庫版あとがき

この本の原著は、光文社カッパ・サイエンスの一冊として刊行した『日本の呪い』（一九八八年）である。このたびの文庫化にあたって、書名を『呪いと日本人』と改題するとともに、若干の補足や削除、修正を行なっている。

この本を執筆していたころの私は、高知県に伝わる「いざなぎ流」の調査に精力を注いでいた。そして、このいざなぎ流が陰陽道系の呪い信仰を色濃く伝えているらしいことを知って、その信仰を日本の信仰史のなかに、いかに位置づけることができるのかに、心を砕いていた。

ところが、驚いたことに、今ではかなり改善されているが、そのころは、日本呪詛史はおろか、日本陰陽道史さえもまともに書かれていなかったのであった。そこで、やむなく、いざなぎ流を読み解く手がかりを求めて、さまざまな書物に断片的に記されている呪い資料を探し出し、自分で呪詛の歴史を組み立てるしかなかったのであった。

当初は、古代から現代に至る呪詛の歴史を丹念に調べあげた、通史的な著書を思い描いていたのであった。しかし、やがて、歴史家でもなければ、国文学者でもない私には、とてもできそうにないと思われたので、手元に集まった資料をなんとか継ぎ合わせて一冊の本にし、日本の呪い信仰の輪郭を示しそうとしたのであった。

どうやら、私は、「妖怪」にせよ、「神隠し」にせよ、あるいは「百鬼夜行絵巻」にせよ、望むような先行研究がなければ、無謀を顧みずに、自分で研究の空白を埋めてやろう、と挑戦したくなる性分のようである。「呪い」もそうであったのだ。

呪いの問題を考えるなかで、私が気づいたのは、現代では、呪いを含めた呪術や儀礼、祭祀が果たしていた役割が喪失し、それを撲滅してきた科学・合理的思考が、その役割を十全には果たすことができないでいる、ということであった。

たとえば、近年の日本人の精神状態の推移を表すキーワードともいえるものに、「しらける」「むかつく」「きれる」「ドメスティック・バイオレンス」「ストーカー殺人」といった言葉がある。これは、日本人の心が年々荒廃していっていることを物語っている。

こうした状況を前にして、私は、もはや後戻りできないにしても、かつては心の暴走を立ち止まらせるような文化装置があったことを思いだしてみることは、大切なことだと思い至ったのであった。この本で示したように、呪いは日頃つきあいのある他者の、傲慢さやひどい仕打ち、裏切りに対する憤懣《ふんまん》、怨念、嫉妬の発露の装置であり、そのとりあえずの解消の装置であった。

「カタルシス」という言葉があるのを知っているだろうか。もともとは古代ギリシャの医学・宗教的概念で、病原を体外に排出するということであって、その病原を「カタルマ」といった。

これはかつての日本では「物の怪」に相当するもので、それが転じて、心のなかにある「しこり」(呪い心)を儀礼や演劇などを通じて浄化することを意味する。「丑の時参り」のような日本の呪詛法にも、そうした機能があったのである。

ところが、そうしたカタルシスのための文化が衰退するにつれて、個人の体内に溜まった「呪い心」が暴走し出しているのではないか。とすれば、日本の伝統的な呪詛法に身を任せることで、少しでも心の「しこり」を解消できるかもしれない。そう思ったのであった。

もっとも、カタルシスでは「悪」を正すことにはならないので、そのためにどうしたらいいのかは、次の段階のこととして冷静に考えるべきであろう。

いずれにしても、呪いの文化史の構築を考えている過程で、為政者の、民衆の、そして個人の「苦悩」や「悪」が浮かびあがってくる。

この本では、おおざっぱな形でしかそれを記述することができなかったが、将来、誰かによって、呪い文化史の綿密な構築・検討と呪いの社会的機能の分析がなされる必要があると思っている。この本は、それをうながす先駆的で野心的な試みであったのだ。

二〇一四年六月一日

小松和彦

本書は、一九九五年八月、光文社刊行の『日本の呪い「闇の心性」が生み出す文化とは』に加筆・修正し、文庫化したものです。

# 呪《のろ》いと日本人《にほんじん》

小松和彦《こまつかずひこ》

平成26年 7月25日　初版発行
令和7年 7月25日　21版発行

発行者●山下直久

発行●株式会社KADOKAWA
〒102-8177　東京都千代田区富士見2-13-3
電話　0570-002-301（ナビダイヤル）

角川文庫 18682

印刷所●株式会社KADOKAWA
製本所●株式会社KADOKAWA

表紙画●和田三造




ISBN978-4-04-408321-2　C0139

# 角川文庫発刊に際して

角川源義

第二次世界大戦の敗北は、軍事力の敗北であった以上に、私たちの若い文化力の敗退であった。私たちの文化が戦争に対して如何に無力であり、単なるあだ花に過ぎなかったかを、私たちは身を以て体験し痛感した。西洋近代文化の摂取にとって、明治以後八十年の歳月は決して短かすぎたとは言えない。にもかかわらず、近代文化の伝統を確立し、自由な批判と柔軟な良識に富む文化層として自らを形成することに私たちは失敗して来た。そしてこれは、各層への文化の普及滲透を任務とする出版人の責任でもあった。

一九四五年以来、私たちは再び振出しに戻り、第一歩から踏み出すことを余儀なくされた。これは大きな不幸ではあるが、反面、これまでの混沌・未熟・歪曲の中にあった我が国の文化に秩序と確たる基礎を齎らすためには絶好の機会でもある。角川書店は、このような祖国の文化的危機にあたり、微力をも顧みず再建の礎石たるべき抱負と決意とをもって出発したが、ここに創立以来の念願を果すべく角川文庫を発刊する。これまで刊行されたあらゆる全集叢書文庫類の長所と短所とを検討し、古今東西の不朽の典籍を、良心的編集のもとに、廉価に、そして書架にふさわしい美本として、多くのひとびとに提供しようとする。しかし私たちは徒らに百科全書的な知識のジレッタントを作ることを目的とせず、あくまで祖国の文化に秩序と再建への道を示し、この文庫を角川書店の栄ある事業として、今後永久に継続発展せしめ、学芸と教養との殿堂として大成せんことを期したい。多くの読書子の愛情ある忠言と支持とによって、この希望と抱負とを完遂せしめられんことを願う。

一九四九年五月三日